勇者

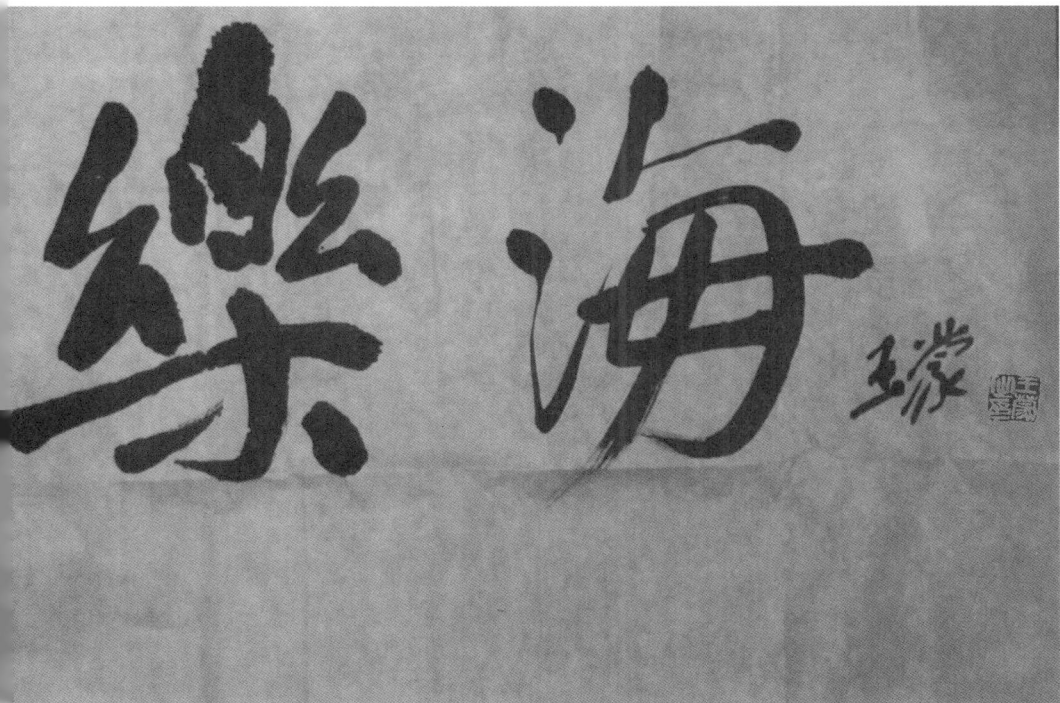

海樂

王 蒙 题

第二届"科学·人文·未来"
论坛实录

主　编　王　蒙　管华诗
副主编　陈　䲡　郭香莲
文稿整理　赵常林

勇者乐
海

The Brave Enjoy the Ocean

中国海洋大学 出版社
CHINA OCEAN UNIVERSITY PRESS

图书在版编目（CIP）数据

　　勇者乐海：第二届"科学·人文·未来"论坛实录/王蒙，管
华诗主编． —青岛：中国海洋大学出版社，2012.11
　　ISBN 978-7-5670-0185-5

　　Ⅰ．①勇…　Ⅱ．①王…②管…　Ⅲ．①社会科学－文集
Ⅳ．C53

　　中国版本图书馆CIP数据核字（2012）第285289号

出版发行　中国海洋大学出版社
社　　址　青岛市香港东路23号　　　　　邮政编码　266071
出 版 人　杨立敏
网　　址　http://www.ouc-press.com
电子信箱　harveyxyc@163.com
订购电话　0532-82032573（传真）
责任编辑　徐永成　　　　　　　　　　电话　0532-85901043
印　　制　青岛双星华信印刷有限公司
版　　次　2012年12月第1版
印　　次　2012年12月第1次印刷
成品尺寸　170mm×230mm　1/16
印　　张　9.5
字　　数　110千字
定　　价　26.00元

目 录

第二届

"科学·人文·未来"

论坛开幕词　管华诗

尊敬的王蒙先生，尊敬的王广正副市长，尊敬的各位嘉宾，老师们，同学们：

重逢，为论坛再起。我记得，7年前的今天，我们关于"科学·人文·未来"的探讨言犹在耳。今天，对于海洋的共同关注，又把大家紧密地联系在一起。在此，我首先要感谢王蒙先生，感谢他多年来对海大的发展，特别是对我个人思想的提升，给予的无私的帮助。同时感谢每一位与会专家，感谢大家为打造"科学·人文·未来"这样一个高品质的论坛所付出的心血。你们用高尚美好的心灵和渊博的知识，给海大师生以精神的引领，从各自的角度展现了科学与人文之美。

"关注海洋，面向世界"是今天的主题，之所以要关注海洋，是因为解决人类与海洋和谐相处的问题迫在眉睫，这是一个无法回避的时代大命题。之所以要面向世界，是因为海疆有限，海水无疆，人类只有一个地球，地球上也只有一个连通世界的海洋，任何破坏和污染都不是局部的事情，任何保护都具有全局的意义。如何让人类在发展的道路上不再使海洋受害，是我们所有海洋人和所有思想者所关注的问题。这个问题既是科学又是人文，既感性又理性。我经常讲，感性和理性是那么神秘的一对孪生姊妹，她们让人难以分辨。如果没有对海洋的真心眷恋，很难想象科技工作者能够坚持如此枯燥和危险的海洋工作；如果没有对海洋的深刻理性认识，我们又如何能唤起对她无限的向往和追求？

科学的理性和文学的感性深深交织于人类历史和海洋探索的过程，交织在海洋知识的创新、海洋人才的培养、海洋技术的开发、海洋的工程建设、海洋文艺创作、海洋环境保护、航海和极地海洋探索等各海洋领域。海洋文学艺术离不开海洋科学，海洋科学中同样有艺术与美学。但是孪生姊妹也有不同的特点，科学与文学艺术两者之间有自然的个性，它们不断发展，互相激励，不断的相互了解，共同为人类与海洋和谐相处作出各自的贡献。

因此，我相信今天的对话与第一届论坛一样，一定会碰撞出许多思想、智慧的火花，唤起人们热爱海洋、探索海洋、与海洋和谐相处的深厚情感。我十分期待未来的一天半时间。让我们共同享受这份思想、智慧碰撞的快乐，共同聆听各位专家从海洋的视角对人类和国家未来的探讨！

最后，我再次真诚地感谢各位专家，你们无私地奔向大海，也一定会赢得海洋人特别是海大师生的喝彩！预祝论坛圆满成功！

谢谢大家！

（以上文字根据管华诗院士讲话录音整理而成，略作修改）

第二届

"科学·人文·未来"

论坛开幕式主持词　　王蒙

主持人：尊敬的各位专家、各位领导，各位来宾，老师们，同学们，同志们，朋友们：

中国海洋大学第二届"科学·人文·未来"论坛在各位专家积极参与下，在各级领导的关心支持下，在社会各界的大力帮助下，经论坛组委会认真筹备，今天在海大体育馆隆重举行。

下面请著名作家，全国政协原常委，国家文化部原部长，中国海洋大学顾问、教授、文学与新闻传播学院名誉院长王蒙先生主持今天的开幕式！掌声欢迎！

王蒙：大家好。

首先请允许我介绍一下出席开幕式的领导和与会专家，他们是：

青岛市人民政府副市长王广正先生；

中国工程院院士秦伯益将军；

中国科学院院士张国伟先生；

中国工程院院士管华诗先生；

中国海洋大学校长吴德星先生；

中国工程院院士麦康森先生；

中国中医药大学博士生导师王琦先生；

青岛海洋地质研究所原所长刘守全先生；

中国作家协会副主席蒋子龙先生；

山东省作协主席，第八届茅盾文学奖得主张炜先生；

北京作协副主席毕淑敏女士；

上海市文联副主席，《萌芽》杂志主编赵长天先生；

解放军艺术学院教授、原副院长朱向前先生；

著名军旅画家，全国美术家协会第三届理事周永家先生；

青岛市艺术研究所所长、一级编剧，原青岛文联主席纪宇先生；

中国海洋大学党委书记，博士生导师于志刚教授。

名单上还有中国海洋大学顾问、教授、文学与新闻传播学院名誉院长王蒙。

此外，参加会议的还有青岛市委高校工委的一些领导同志，驻青岛高校的一些领导和师生代表，还有中国海洋大学的老师和同学们，关心支持论坛活动的新闻媒体的朋友们。让我们以热烈的掌声欢迎他们的到来！

从2004年10月举办第一届"科学·人文·未来"论坛，到现在7年已经过去了。时间虽然过去了很久，大家回忆起来仍然非常兴奋，觉得这是一次很美好的尝试。那说明科学与人文是需要交流的，知识是需要互补的，心胸是需要开阔的，学问是需要融通的，感受是需要诉说的。所以，如果能有一个机会使我们的科学家和喜欢写作诗歌小说的作家们一起座谈座谈，讨论一些问题，将是一件非常有趣的事情。因为我们面对着同一个世界，同一片天空，同一个海洋。虽然我们的思路不完全一样，我们感兴趣的领域不完全相同，但是正因为"不同"，意见的交换才是有趣的，是丰富的。如果大家都"相同"，自己在自己的圈子里循环运行，反倒没有多大的意思。尤其是第二届"科学·人文·未来"论坛的题目是"关注海洋，面向世界"，我个人觉得这恰恰是我们国家文学的一个弱项，谈起来会更有意义。

论坛正式开幕！第一项，请中国海洋大学党委书记、博士生导师于志刚教授代表学校领导致辞。

……

王蒙：感谢于志刚先生的讲话。第二项，请本论坛主席管华诗院士致开幕词。

……

王蒙：感谢管华诗院士的开幕词。现在请青岛市副市长王广正先生致辞。

……

王蒙：感谢王副市长的讲话。下面请论坛组委会执行主席、中国海洋大学党委副书记李耀臻教授代表学校为嘉宾和与会专家赠送学校精心准备的礼品！礼品是由中国书法家协会理事、中国书法艺术研究院院长、中国海洋大学书法研究院院长、著名书法家启笛先生手书的折扇！

让更多的人了解海洋

毕淑敏

毕淑敏简介

　　1952年10月出生于新疆伊宁，北京作家协会副主席，北京铜厂主治医师、卫生所所长、中国有色金属工业总公司研究室专业作家，国家一级作家。曾获庄重文学奖、小说月报第四、五、六届百花奖、当代文学奖、陈伯吹儿童文学奖、北京文学奖、昆仑文学奖、解放军文艺奖、青年文学奖、台湾第17届联报文学奖等各种文学奖30余次。主要作品有长篇小说《红处方》、《血玲珑》，中短篇小说集《女人之约》等，散文集《婚姻鞋》等。

我发言的题目是"让更多的人了解海洋"。

首先我想问所有在场的人一个问题，这个问题我曾问过99个中国人，之中大概有98个人说"不知道"。但是我相信，今天，在我们中国海洋大学的会场里，我们的科学家、文学家、老师和同学们能够回答出这个问题——请问：每年的7月11日是什么日子？请大家用最大的声音回答。（大家回答——是航海日！）这个答案非常正确，回答的声音非常大。大家都知道，在我们960万平方千米陆地领土之外，我们还有300多万平方千米领土的海域。可惜很多的中国人，忘记了或者忽视了这块辽阔的国土。

讲个小故事。因为参加中国载人航天工程的征名启事小组工作，分配给我一个很好的机会，上酒泉卫星基地观摩发射。有机会和航天员们做一个小小的聊天，我就问杨利伟："你在太空看到的地球是什么样子？"他说："这是一颗非常美丽的蓝色星球。"他说那是在太空中最漂亮的景色。我说既然你已经到了天空，你是否想从那里到更深远的太空去？他说："不是，我想回到我们这颗蓝色的星球。"我们的星球为什么是蓝色的？就是因为它表面的71%都是由海洋所覆盖，陆地只占了29%。面对如此广阔深厚的存在现实，我们对它的了解真的太少了。2008年的时候，我拿出写作多年的稿费，数了又数，点了又点，20万元，够买两张船票的了。我就和我的孩子一起从日本横滨出发，登上一艘远洋客轮，用100多天的时间去环游地球。

这一趟走回来，我觉得自己有了很大的变化。我孩子的变化更大。作为一名年轻人，他去看了这辽阔的海域，去看了和我们有很多不同的世界文化，我在他身上看到很多变化。为我们操办旅行这件事的中国旅行社告诉我，说我们一行6人是中国大陆公民首次环球的旅行者，我当时听了有一点吃惊，也有一

让更多的人了解海洋

点难过。我们是有13亿人口的国家，应该早就有更多的人去面向辽阔的海洋，去了解这个世界。回来后，我想了很久，一定要尽点心力，让更多的人特别是更多的年轻人，有机会去看看蓝色星球。

我和那艘日本邮轮的船长，探讨过让更多的中国年轻人乘坐他的船环游世界这件事情的可能性。那天，谈话整整进行了一个下午，我希望他能够给我们一些优惠，让我们的年轻人出海。谈判的过程让我身心疲惫，告别的时候将近晚上12点。我走在北京深秋空旷的马路上，心想："我为什么要做这个事情呢？那些将来有可能出海的大学生，我根本就不认识他们。"后来日本船方给了半价的优惠，可环海航行是个大工程，仍然还需要几十万甚至上百万的资助，我们的年轻人才能走出去，到哪里寻找这笔钱？我从来没有为什么事情这样去求过别人，开始一个一个打电话，希望有人能资助我们的大学生。感谢大连獐子岛渔业集团，他们同意赞助50万元，向前推进了这件事。终于，中国海洋大学的6位同学和1位老师踏上了环球航海之路。此时此刻，今天——2011年10月22日，他们正在浩瀚的南太平洋上乘风破浪地航行着；历时100多天后，现在他们正在回归祖国的最后一段航程上。

现在，我想把这6位同学和1位老师的名字念一下，让我们深深地祝福他们。他们是文学院的高琴、学德语的胡静一、学法学的郭晓兰、学大气科学的曹诗嘉、学地球信息科学的潘国锋，还有学化学的孙乐天。他们本来在10月27日就可以返回，但是前些日子这艘船在中美洲的墨西哥湾遭遇飓风，既不能靠岸又不能航行，整整在海上漂泊了5天，所以他们的航程延迟5天，要在11月2日才可以回到北京。让我们再一次深深地祝福他们。

　　还有一位亲爱的老师，她所肩负的责任之重，是我们常人所无法想象的，她就是欧阳霞老师。

　　亲爱的海洋大学的师生们，你们的努力和卓越的表现为中国的年轻一代赢得了荣誉。昨天我收到这艘船上的翻译发来的邮件，说船上的日本人都说，中国的学生如此高素质，是他们从来没有见过的。

　　在海洋大学校领导的领导和支持下，有这么好的老师和同学，完成历史上中国大学生了解海洋的一个创举。希望他们回来以后，能够和更多的同学分享这次的体验，能够有更多的同学再接再厉走上探索海洋漫长而艰辛的道路。

　　刚才演示的这个电影短片，是法国的一位摄影家所拍摄的。因为咱们这里放的是节选，所以有一个片段大家没有看到。影片开始的时候，有一个小男孩站在大海边，发出一个疑问："海洋是什么呢？"摄影家用他的片子，给出了他的答案。说到底，我们每个人都是海洋之子，生命最早的源头来自海洋。海洋不仅仅为我们提供丰富的宝藏，为我们展开充满无限魅力的景色，而且是我们的生命之本，是每一个人从细胞里就会和它发出共振的生命源泉。海洋将我们分隔，又将我们连接。海洋存在于我们的脑海之中，海洋是我们的出发点和归宿。海洋是我们的大学，是我们永远的老师。海洋是我们的想象与现实，海洋是我们的历史与未来。希望我们所有的人，都能够珍惜海洋。

对话

学生：很激动，第一个发言就被选中了。您好，毕淑敏阿姨，大家都非常喜欢您的作品，经常拜读，今天现场见到了，好开心。有一个问题请教您，您刚才讲到帮助几位同学和老师完成他们的海洋之旅，对于我们来讲，感受和认识海洋更重要，还是开发和利用海洋更重要？在这两个方面我们应该做的有哪些？谢谢。

毕淑敏：谢谢这位同学，特别喜欢你叫我"阿姨"。你刚才的问题特别好，就是我们出去将看到什么。我个人觉得，你什么都不用带，带上自己的眼睛，带上自己的身体，带上自己的大脑就好了。一次旅行不可能解决所有的问题。不过，如果你在年轻的时候能够看到辽阔的海洋，能够看到不同形式的文化，相信对你一生的成长和进步，会是一个特别重要的催化剂。谢谢你。

学生：谢谢。我其实很想跟毕老师说，这是我在大学里3年里遇见您的第3次，我真的好激动。我特别喜欢你，我感觉特别幸福。您刚才用了15分钟讲了您出海的3个月，秦院士也说您是虚写。我真的很想知道，您在3个月的旅程中肯定有印象最深刻的记忆，能不能跟我们实写一下，分享一下您在海上的旅途呢？谢谢。

毕淑敏：3个多月的航行让我最难忘的时刻，是在冰岛附近的海域。在靠近泰坦尼克号沉没的地方，我们的船遭遇了飓风，飓风之猛烈把我们的船的左舷钢板击穿了。不知道是偶然还是宿命，那个时候船上居然正在放《泰坦尼克号》。船颠簸得非常猛烈，只能躺在床上。你不能站着，站着东倒西歪，会撞上墙壁。后背压着我的手提电脑，那是我唯一能用身体固定的东西。房间中的其他物件，都被甩到舱室地板上。我决定去看看此刻暴怒的海洋。我扶着墙壁走出了舱室，通道空无一人。通道以前来来往往很热闹，现在死一般沉寂。我扶着旁边的扶手跌跌撞撞走向甲板，一路上像一个乒乓球来回乱撞。不能真正到达甲板了，所有通往甲板的门都被铁链子锁住，怕有人出门会被风浪卷入大海。我还是趔趔趄趄挣扎到门边，透过玻璃看了一眼大海。十几米的灰色巨浪铺天盖地，我脑子里出现的念头是——"地狱不过如此"。在巨大风浪的洗涤下，你根本分不清什么是天空、什么是海洋，完全是令人恐怖的深灰色。除了第一个判断是地狱之外，第二个判断是"风浪中，我不会像泰坦尼克号里面死亡过程拖那么久，我会顷刻毙命"。这两件事情想完以后，我觉得心情平静得有点奇怪。我应该后悔啊，因为是我自己花了十几万块钱自找的这次旅行。我丈夫说："这些钱是你一个字一个字写出来的，就像老农，收成是一个个麦穗攒起来的，可你轻易把它花掉了。"我说："我从小就有一个梦想去看世界，去看大海。现在买船票的钱攒够了，我应该出发了。"

　　我用自己半生辛苦所得，在那一刻，给自己买了一个离死亡如此之近的时刻，一个绝望的时刻。后悔是人之常情啊。可是，说真的，我一点都不后悔。我想这是我使用自己的生命，是我自愿的选择。我终于看到了如此浩瀚的大海，看到这个世界最重要的一部分，此生能够有这一经历，让我万分幸福。

　　漫长航程中，最让我难忘的就是这一刻了。相信，我们真的是海洋的孩子。如果我就这样回归海洋，毫无遗憾。谢谢你。

　　学生：毕淑敏老师您好，我有一个很奢侈的要求，希望您给幸福下一个定义，谢谢。

　　毕淑敏：为什么会觉得给"幸福"下定义有点奢侈？我想问你。

　　学生：因为一个人有不同的追求，有不同的寻找方向。在这个世界上，我们一直在行走，从生到死去寻找一个归宿，但是幸福在哪儿？有人说幸福在身边，但是它往往很遥远。我希望得到很多种答案。正好借这个机会，想请作为作家，作为女作家，作为著名女作家的您给幸福下一个定义，谢谢。

　　毕淑敏：首先我不觉得幸福是奢侈的，幸福不是我们想象的那么稀少，那么惊天动地。不一定非要和巨额的财富或者千载难逢的机遇相连接。每个人活着，都要为自己找到幸福。建设幸福，不是虚无缥缈的东西。简而言之，我认为幸福就是有意义的、长久的快乐。谢谢你。

海洋的赞歌与期望

——关于海洋的三点基本认识与思考

张国伟　李三忠

张国伟简介

　　1939 年生，河南省南阳人。中国科学院院士，西北大学教授、校学术委员会主任和学位评定委员会主席，教育部高等学校地球科学教学指导委员会主任。主要从事地质科学的教学与研究，主持完成了国家及国家相关部委重大、重点和国际合作等研究项目 30 余项。出版著作 7 部，发表论文 350 余篇。曾获国家自然科学奖二等奖、教育部科技进步奖一等奖等 8 项奖励。

各位专家，同学们，老师们：上午好。

非常高兴参加这届论坛，我发言的题目是"海洋的赞歌与期望"，主要讲关于海洋的三点基本认识和思考。

三点是海洋的本质与意义；海洋的潜力和前景；振兴中国之必然——从海洋大国走向海洋强国。

我们这里不是科学家的论述，文学家与艺术家的咏叹，也不是社会科学家的阐述，而只是讲作为一个现代中国公民，对于海洋的认识与期盼，以引起大家的关注和讨论。

一、海洋的本质与意义

1. **海洋是地球的基本构成与基本属性特征。**海洋是地球在宇宙太阳系中区别于其他星球之独特属性特征，独领风骚。无水与海洋，就不会有现今的地球。

2. **海洋是生命和人类社会发展的本源与基础。**没有水和海洋，就没有生命和人类，何谈社会？生命和生物的演化证实与揭示，生命主要起源于海洋。

这几十亿年的生命发展呈螺旋形轨迹，是一个漫长的演化历程。而人类则是其最高的生物演化阶段的产物。人类社会发展的过去、现在与未来，需要和依赖海洋，未来更期盼着海洋潜力与能量的更充分发挥。

3. **海洋的内涵与外延。**海洋由固体海洋与流体海洋统一组成，是固有的内涵与基本概念。什么是固体海洋呢？固体海洋就是大洋岩石圈，托负着海洋的流体。它在大洋中脊生，在大洋中运动至大洋边界消亡，合称大洋岩石圈，返回地幔，与地球深部的幔、核休戚相关，2亿年左右循环一遍。流体海洋即水

体海洋，包括多向物理、化学、生物运动和交换作用，侧向与大陆交流，向上转化为气升天，向下以水的不同形式入地，它们既有统一循环交换系统，又有各自的独特运动与机制规律。

海洋的外延是水与气，乃至冰川，气升天，水入地，从地球深层到外层空间交换、交流、运动、演化。海洋是水与气的集成会聚，也是发散源，水、气是海洋的物质内涵和另外的存在形式。

总之，海洋是地球系统中统一而又最活跃的物质与动力学子系统。自人类诞生以来，海洋就是人类认识自然的主要对象与内容之一，也是人类赖以生存的源泉。海洋不只是在人类物质世界中占据要位，而且也是人类精神世界中智力升华、陶冶、磨砺、激发，享受自然之本源、之力、之美、之乐，共处天然世界的舞台与源泉。

我们可以简要总结一下它的本质和意义：海洋与大陆一样，都是人类社会生存发展的基础和认识研究地球的永恒主题和依托。

二、海洋的潜力与前景

我们先谈一下背景。

1．人类社会发展正面临着生存与社会可持续发展的当代社会与自然科学的重大问题。全球变化、资源能源枯竭、生态环境恶化、灾害频发、人口膨胀、粮食短缺，以及人类社会生态，包括政治、经济、精神文化等激烈竞争与危机，等等，要求人类社会重新认识地球和人类，做出新的发展选择和思考。

2．人类社会发展所需要的一切都来自于陆地、海洋与大气

空间。历史发展的现实是，陆地的开发利用已到一定程度，并已远远超过对海洋的开发利用。在当代，面临现实的危机，人类社会将如何选择发展？

3. 现在人类社会历史的现实。人类正在上天、入地、登极、下海。 总结起来，人类正利用自己的智慧，在重新研究地球与人类发展的过程中，认识运用自然规律，规范人类行为，进一步开发和利用陆地，并走向深部和深时(所谓深时，就是更古老的、更深部的物质和财富)，以获取更多的物质和空间。同时，人类也开始飞向太空，探索深空，意向地外，寻找物质与扩展空间，这是人类的志趣，也是人类发展的需要。但更为现实和重要的是人类面向海洋，从陆地到陆缘近浅海，伸向远洋深海。进入21世纪以来，世界多国已把开发海洋作为基本国策，作为增强国家实力的战略选择。我国也已经制定了发展海洋的战略。

在这样的背景下，我们来看海洋的潜力与前景。

1. 海洋是21世纪人类社会重点投入开发利用的人类基本生存空间和财富，也是文化资源的基地，潜力巨大。 为什么这样说？可以从一些参数看出，海洋面积占地球面积71%，深海(>2000m)部分的面积占地球表面的60%，多数基本还是人类的"盲区"；现代国际贸易中海运占80%，现在人类一半多人口生活在海洋与沿岸100千米以内；海水是巨大的液体矿物资源宝库，含80多种元素，为人类的开发利用提供了丰富物质基础，这些都说明了海洋的潜能和发展空间。海洋的矿产资源与能源潜力巨大，而且是多元的，尚待开发,诸如多金属结核、高能结壳资源，近海与深海油气、天然气水合物，海洋再生能源(潮汐、海浪、洋流、海风、温差、盐差等)，深海海底热能等。海洋生

物资源潜力巨大，有待生态环保可持续发展的进一步开发利用。海洋提供的人类可利用的动物蛋白质超过了牛羊蛋禽提供的总量，还有海洋的养殖研发、海洋牧场化、远洋和两极捕捞等，可以想象海洋内在物质的财富是何等丰富巨大。

2. 海洋是当代科学与技术发展的基本策源地之一。海洋已成为当代科学技术发展的重要推动力，对科学发展的潜力不可估量。当代系列重大科学基础问题和技术发展问题多由海洋问题或由海洋发现所引发，或由人类对海洋的需求而提出。这些问题包括地球系统科学与全球变化，生命起源与深部生物圈及海洋生物基因、海洋医药，地球与地壳演化及其动力学(包括大洋中脊及其热液系统等)等等前沿重要科学问题。地球物理学和海洋地质学的发展曾引起了20世纪地学的一场革命，建立了板块构造学说，成为固体地球科学乃至整个地球科学占统治地位的基本理论。这是20世纪科学技术发展的巨大成就。同样，21世纪海洋科学的发展，也将会推动人类科学技术的巨大进步。

3. 海洋是当代以国家、民族为基本单元的人类社会现阶段发展竞争的重要交流舞台与争夺战场。海洋将在人类长期发展进程中保存其无穷的潜力，尚待我们认识、开发和利用。其中，包括作为人类社会文明进步的交流平台与舞台，国际政治经济发展中合作交流共处和竞争与争夺的活动场所与途径；还包括关于制海权、制空权和国家主权与利益的国际冲突与战争的国际军事对抗的主要战场与争夺地等，这既给人类带来了倒退、灾难、破坏，又催生了新的发生与发展。

总之，海洋已为人类作出了巨大贡献，显示了它的无比威力，同样也蕴藏着无比的潜力，有待进一步发挥。但海洋也会给人类带来巨大的灾难，全球变化、气候变暖、冰川融化、海平面上升，将会淹没人类赖以生存的大片陆地。所以，我们期盼着人类对海洋认识的深化进步，更好、更合理地开发利用、治理与适应海洋；我们要发展海洋，让海洋为我国的发展，为人类共同的发展，为人类的理想和文明进步，充分发挥作用。

三、振兴中华之必然——从海洋大国走向海洋强国

相关的内容很多，我这里仅讲三点。

1．中国历史发展之必然。中国对于海洋的认识，可以概括为这样一个历程，也许大家有不同的认识，我在这里抛砖引玉，以引起大家的思考讨论。我国先民认识开发利用海洋有如下的历史过程：自然朴素的海洋意识——农耕文化下的识海、用海和渡海远洋的开拓——近代半殖民被海洋列强的奴役历史——现代振兴中华之必然——发展海洋。另外还有一个历史的轨迹。中国是一个海陆复合型国家，先民自古以来就开始与海洋打交道，识海，用海，除求仙、捕鱼、煮盐、舟楫之外，已有长期开拓性的深海远洋探险，但始终以农耕文化为主，坐陆地而背向海洋，加之明清时代长达300年的闭关锁国，造成了18～20世纪落后于西方海洋列强的局面。而现代中国要成为新兴大国，历史的必然是要发展海洋，成为海洋大国，进而走向海洋强国。同时，我们还要认识和牢记历史的教训。中国历史上闭关锁国，海洋意识、海洋科学和海洋技术落后，直接造成了我们饱受西方海洋强国的侵略，沦落为半殖民地被奴役的地步。这一沉重的历史教训使中华民族认识到要立于世界民族之林，必须立足陆地，面向海洋，走海洋强国之路。

2. 中国现代发展之必需。 保卫国家领土、资源和安全是国家的核心利益，发展、壮大、强盛，成为现代化发达国家是我们奋斗的目标。

发展海洋是振兴中华之必需。在当代全球化新的国际形势下，人类对海洋的关注已超过任何时代，也成为国际竞争的焦点。和平发展共赢是中国国家发展的基本战略，因此，面对复杂的国际海洋形势，中国必须要拥有制海权、制空权，只有这样，才会有和平发展共赢的基础。所以，发展海洋是振兴中华之必需。

发展海洋也是当代科学发展之必需。现代人类社会面临着可持续发展与全球变化问题，必然需要重新整体地认识地球，建立地球系统科学与知识体系。为此，必然需要研究、认识和掌握海洋规律。中国作为负责任的新兴大国，必需面向全球、面向海洋，担负起这一科学发展的历史重任。

发展海洋更是国家安全之必需。人类历史发展的现阶段是以国家为基本单位和最高利益的时期，国家利益高于一切。维护国家核心利益、捍卫国家经济贸易和领土安全必须要发展海洋，拥有强大的海洋军事力量是维护国家核心利益之必需。

3. 当前国际态势发展之急需。 发展海洋，不但是长远战略所必需，更是当前之急需；是我国当前蓝色国土安全、政治经济发展所急需，也是现今世界政治博弈、国际经济贸易安全、航海交通保障之急需。国际海洋科学和技术发展呈迅猛态势，中国必须急起直追，大力发展从近海到深远海的海洋科学和技术，参与国际科技竞争，开拓新的海洋空间资源，否则将错失良机。这一点不多做解释。我想，海洋大学的老师和同学们会更多地知道和理解这方面的内容和需要。

最后，我用三句话结束我的发言，也提醒大家来讨论。我还是讲，我这里提供的不是结论，而是作为抛砖引玉和大家一起来共同探讨，使我们更关注海洋，面向世界：

"立足大陆，面向海洋，发展海洋"

是我国发展战略之必需；

是振兴中华、国家发展之根本大计；

也是中国为人类社会的发展作出新的贡献的重要基础！

谢谢大家！

对话

学生：张院士您好，我发现其他很多来宾穿的都是西装和皮鞋，而您穿的是西装和休闲鞋，我觉得您给我的感觉除了是学者外还像一位行者。您觉得如何将行、旅、学结合，因为对于我周边的很多同学来讲，他们认为考研或做科研就意味着在实验室里看显微镜。您觉得应如何看待这一心态，如何将行结合在学习和生活中。

张国伟：首先感谢这位同学的细心观察。请让我先回答你的整体实质问题，再说鞋的问题。我们学科学的人，一定要有一个追求真理与客观检验的思想，客观世界是第一，客观事实是长青的，真知来自于客观世界，对我们认识的检验也在于真实世界和社会实践。我是研究地质的，因此我要跋山涉水，首先要把客观"野外"这本书读透，把里面真正的实质东西提取出来，概括化作一种本质的理论规律认识，带进地质科学，送

海
洋
的
赞
歌
与
期
望

给大家，这样才算是科学研究的真正价值和创造。今天我们学习，进入实验室，这也是实践和研究，但真正的关键是你研究成果的科学价值和真知灼见，而这一切首先来自于实践。所以，无论到野外或在实验室，都是从事客观世界的观察实践和研究，都是要从事客观实践的。这是从事一切科学研究并取得成果的出发点，是必由之路。为什么说这个呢？也是要回答这位同学提的穿鞋的问题。我因为从事地质科学研究，长期在野外走路，现在脚出了疾病，所以穿了一双方便鞋。人一生只能活一次。年轻的时候，没有经验，只顾研究跑山，跑得多了可能积累了"后遗症"。我爬了很多的山，在汗流浃背连脚都出了汗的时候，直接趟过刺骨冰冷的河水，年轻时不知道保护，无数次积累留下了毛病。现在我已70多岁了，脚出疾病了，穿了方便鞋子。现在也好，你提了这个问题，我就借自身的体验告诉同学们，搞科学研究，要尊重事实，要不怕艰苦、勇于实践，但在这个过程中一定要爱惜自己的身体。有了好身体，才能更好进行研究。说到这里，我就想到刚才大家谈到的毕淑敏老师海洋旅行所写的书的事情。我曾买了她的这本书，看了以后很受感动。我说毕老师是一位著名作家，她曾在西藏行医多年，她身体好，她现又绕地球一周，经历惊涛骇浪，所以我说毕老师是一位巾帼豪杰。她虽是一位女性，但我觉得她是一个"好汉"！（热烈的掌声）

　　学生：想请教一下张院士，刚才从您的角度谈到了海洋，我想从一个小的方面问一下，您知道现在"宅"这个字非常流行吗？很多大学生都待在寝室里，而忽视了要走出去。您作为一个地质学家，您认为我们应该怎样亲近自然，将书本上的知识运用于实际？

张国伟："宅"是什么意思？（笑）

学生：就是很多同学在寝室里看电影什么的，而不愿意走出去。您作为一名长期奔走在外的地质学家，您认为我们应该怎样提高亲近自然的意识，从而能将书本上的知识运用于实际？

张国伟：作为地质学家，野外是我们的实验室，是思想、知识的源泉。因此，地质学家要到外面去，看书是一个途径。书是前人通过实践总结出来的知识，也可以作为一种研究的实践，但这不应是主体，因为其中前人的一些知识有些是成功的真知，是需要再实践检验与探讨的，因此我们讲要走出去，要重视实践和检验。要创造出新的知识，亲身实践和读书两者要有机结合。要在前人的肩膀上再前进，这样才会有更快、更好的发展。关键是你自己要多实践，实践出真知、出真理。举个例子，有位国外的老科学家邀请我到南非去看看，虽然我的腿脚已不好，但我还是去了，为什么？因为那里是地球上具有典型代表意义的最古老的地质岩石出露的地方，我没有到那里去过。因此，我要认识，要想真正把握大陆或者古老地质时代的状态，光看书还不行，因为书给你的是一种抽象的、别人送到你脑子里的知识，要想真知真懂，还必须到实践中去。因此，我就到南非亲自实践观察，如是我这才能真正认识到古老的地壳在距今 38 亿～35 亿年时形成。这样，就可以把从野外的实践当中真正提炼出来的真知，再结合书本知识、他人的知识，总结概括上升出真知和理论。所以搞科学的人，要重视第一手材料，要重视实验室，要重视野外。我向同学们说，我们学地学的人，要理直气壮地到世界大山名川里"游山玩水"，出新知，同时饱尝人间风土人情、大自然的无限风光，还锻炼了身体、开阔了眼界，丰富了头脑，潇洒自在一遭！这是多么有趣味有意思啊！所以我们搞地学的，还有搞生物学的，包括搞海洋的，实际上都要多到"野外"，多从实践中获取第一手材料，这样才能把知识变成科学成果，获得更多的创新性认识，变成有用的知识，才真正有科学价值，才有意义。

学生：请允许我尊称一下前辈。各位前辈，我想知道在我们这个阶段，我们所接触的关于海洋资源利用的方式和结果进行的都停留在一个初级阶段。我想知道在现今的中国，我们对海洋资源的利用在现实中走到了什么地步？谢谢。

张国伟：我们的海洋开发利用有了很大发展，但多都处在近海的开发，而且过量。这些开发利用多是在我们领土的控制范围内进行的，比如南海、东海，黄海这些地方；近年来我们才开始少量走向大海大洋、深海远洋，我们还很弱。就是近海的资源，也还没有很好地开发利用，比如石油、天然气等；另外，还有一系列海洋生态环境问题。在新的国际形势下，更重要的问题是，与世界正在展开的远洋调查与竞争相比，我们还比较落后。现在国家正在加强。深海远洋、公海虽不属于我们控制的领土，但这是人类共享的海域与资源，我们应当也必须去做，研发技术，深化研究、开发利用，否则我们就会失去机会。到不了或不能到深海、大洋、远洋，我们怎样才能从海洋大国走向海洋强国呢？关于海洋资源的开发利用，吴德星校长会有更好的解说。谢谢！

人与自然和谐发展是海洋研究与开发的价值取向

吴德星

吴德星简介

1952 年出生，山东省无棣县人。1974 年毕业于原山东海洋学院，物理海洋学博士、教授、博士生导师。现任中国海洋大学校长。

吴德星教授现为第十一届全国人大代表；兼任教育部高等学校地球科学教育指导委员会副主任委员、海洋科学与工程类专业教学指导分委员会主任委员，中国海洋湖沼学会副理事长，中国海洋学会副理事长，《中国科学》和《科学通报》等5个学术期刊的编委。

吴德星教授长期从事物理海洋学研究，近年来主持国家973 和 863 计划中的海洋研究项目，国家科技攻关课题、国家自然科学基金项目等 30 余项。

2004 年获国务院政府特殊津贴，2008 年被韩国总统李明博授予大韩民国宝冠文化勋章。获国家科技进步奖二等奖 1 项，教育部科学技术进步奖一等奖 1 项，中国高校自然科学奖二等奖 1 项，天津市科学技术进步奖二等奖 1 项。

尊敬的各位嘉宾，老师们、同学们：

刚才，毕老师从人文关怀的角度谈了海洋之美好、海洋对人类的重要性，并呼吁年轻的老师和同学们，以环球海洋的方式识别海洋、认识海洋；张国伟院士从不同的视角谈了海洋的作用，尤其是对人类可持续发展所起到的战略性作用，并对海洋的未来充满了期待。现在，我想把问题聚焦到"人与自然和谐发展是海洋研究与开发的价值取向"上来，谈三点粗浅的思考。

一、海洋是人类生存更加美好的环境和物质基础

占地球表面约 71% 的海洋是生命的摇篮，资源的宝藏，风雨的温床，环境的调节器，贸易的主要通道以及国防的屏障。

从环境的角度看，海洋向大气提供了约 90% 的水汽，承担了从低纬度向高纬度约 50% 的热量输运，加之海洋巨大的热惯性，海洋调节着地球的环境变化。

从能源的角度看，海洋能源的储量巨大。据理论计算，全球能源储量达 760 亿千瓦，便于利用的能量有 157 亿千瓦，其中海洋风能、潮汐能、波浪能、海流能、温差能、盐差能取之不尽、用之不竭。据测算，全球天然气水合物资源总量高达 1.2×10^{17} 立方米，是全球已探明传统化石燃料碳总量的两倍多，海洋中的石油资源量约占全球石油总量的 45%。

从矿产资源的角度看，深海蕴藏着丰富的多金属结核和富钴结壳资源。多金属结核富含铜、镍、钴、锰等金属元素，其资源总量远远高出陆地相应储量；而富钴结壳富含钴、镍、锰、铂、稀土等金属，钴含量较陆地原生钴矿高出几十倍。

从生物资源的角度看，海洋蕴藏着地球上 80% 的生物资源。其中，海洋动植物 20 万种以上，海洋微生物的种类和数量难以

估计，海洋生物已成为人类优质蛋白质的一个重要来源。特殊的海洋环境使得海洋生物具有陆生生物不具有的特点和功能。以管华诗院士等主编的《中华海洋本草》为例，该书收录药物 613 味，其中植物药 204 味、动物药 397 味、矿物药 12 味；涉及药用生物以及具有潜在药用开发价值的物种 1479 种、矿物 15 种。再如，自 1997 年以来，国外已从海洋生物中鉴定了 2 万多个单体化合物，其中 30% 具有活性。可以说，海洋生物不仅是人类食物的重要来源，也是药物和生物制品取之不尽的资源宝库。

从探索生命之谜的角度看，深海底生物群落存活为人类探索生命之谜打开了另一扇窗。自 20 世纪 70 年代初，美国科学家在东太平洋加拉帕戈斯海隆水深 2500 米处的热液喷口发现了众多的生物群落以来，人们逐渐认识到，地球上存在着蓝色和黑色两种初级生产力及其食物链。蓝色大洋以浮游生物为初级生产力，靠吸收阳光获取能量，构成大家熟知的"光合食物链"；而黑色大洋则以热液细菌为初级生产力，主要依靠微生物通过化学合成作用还原海底热液系统中硫的氧化物获取能量。美国科学家托马斯·戈尔德提出的"地下生物圈假说"，从根本上动摇了"光合生物链"的理论基础。总之，为什么在深海底火山或热泉附近存活着如此众多的海洋生物？它们是靠什么来生存的？这些奥秘已成为人类试图破解的科学之谜。

从以上的分析中我们可以看出，海洋与全球气候变化、可再生能源、生物资源、油气与金属矿产等资源保障问题休戚相

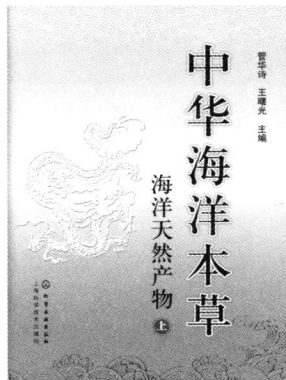

关。海洋是地球上"最后的开辟疆域",是人类得以生存和持续发展的战略依托,是人类生存得更加美好的环境和物质基础。

二、科学伦理的缺失使科学技术在造福人类的同时也给人类带来了灾难

先从三次技术革命谈起。第一次技术革命是以纺织机改革为起点,以蒸汽机的发明与使用为标志的。第一次技术革命直接导致了产业革命,使资产阶级最终摧毁了封建贵族的统治,确立了资本主义的生产方式,从而开创了人类工业文明时代。以电力应用为标志的第二次技术革命,渗透的科学知识更为广泛,它是各门科学技术知识综合的结果,同时也促进了生产和科技知识研究的巨大发展,改革了人类的物质生活和精神生活,推动了整个人类文明的进步。以 19 世纪末物理学三大发现(x 射线的发现、放射性物质的发现和电子的发现)、相对论和量子论诞生为标志的现代物理学革命,更是带来了世界范围内工业化、现代化浪潮的涌动,推动了经济、政治、社会、文化的全面进步。

但是,科学这把钥匙,既可以开启天堂之门,也可以开启地狱之门。究竟打开哪扇门,在于道德的意念。大家都知道,科学技术在造福人类的同时,也潜藏着危害人类自身的可能。克隆技术可能造成的伦理问题,会击碎人类几千年文明进步所形成的神圣的家庭观念;网络技术会给渲染暴力、色情、犯罪、文化侵略等带来可乘之机,高科技犯罪、计算机犯罪已成为全世界共同面临的棘手问题。

总体来看,现在的研究已经发现,在过去 40 多万年间大气中二氧化碳的自然变化幅度为 200ppmv~280ppmv(ppmvparts per million by volume，每 10^6 个空气分子中的比例），并多次反复出现大的变化。40 多万年间地球经历约了冰天雪地的冰川时期，随着这样温度变化而发生的大气中二氧化碳浓度至少在 10 万年间有 80ppmv 的变化。从过去的 1000 年大气中二氧化碳浓度变化看，原先的值为 280ppmv，但是，在瓦特发明蒸汽机为代表的产业革命之后的 200 年间，此时间就地质时间尺度来说几乎是瞬间，却发生了约 80ppmv 以上的变化，这相当于过去 10 余万年间发生的变化。后果是什么呢？2007 年 IPCC 出版的第四次报告指出：气候变暖是不容置疑的客观事实，而且还在加快。其主要原因是与人类活动有密切关联的温室气体含量增加，从而导致全球气候变化。现在人们已广泛接受全球范围内极端干旱和暴雨等异常气候更加频繁、海平面上升及台风强度和发生频率增加是全球气候变暖的产物的观点。

我们回过头来再看海洋。由于海洋是人类生存与发展的资源宝库和地球上最后开发的空间，人类社会正在以无序竞争的姿态向海洋全面进军。爆炸性海洋知识的增长，日新月异的海洋新技术的涌现，创造出巨大财富。但科学伦理的缺失，正预示着海洋研究和开发失去了其人文关怀的价值取向，由其引发的灾难已悄然向人类走来。临海工业的高速发展、大规模无序的海洋过度开发造成近海海域水体和底质严重污染，赤潮等藻类灾害和水母灾害频发、生物资源衰退、海洋动力灾害程度越来越强，为人类的生存环境和海洋经济的可持续发展带来了极大的挑战。

以上种种反映了一旦科学技术失去其人文关怀和人与自然

和谐的价值取向，特别是科学伦理的缺失，科学技术这把双刃剑在造福人类的同时，也潜在地储备了毁灭人类的能量。

三、实现人与自然和谐的海洋研究与开发，必须积极推进科学精神与人文精神相统一

科学精神追求的是认知的真理性，它并不决定人的行为价值取向。从同一个符合客观实际的认知出发，是可以作出多种价值选择的。它的价值取向并不是由其自身决定的，而是由掌握它的人决定的。它可以为善，也可以为恶，这取决于掌握它的人的价值取向。人文精神追求的是人类生存的意义和价值的关怀，追求的是真善美。科学技术如果脱离了人文精神的支撑，用于邪恶的目的，那么对人类的危害将是灾难性的。当然，离开了科学精神的人文精神只能产生出善良的愿望，很难给人类带来实际的福祉。因此，科学精神和人文精神作为人类的认知活动的两种产物，各自具有不同的特点和局限性，二者的局限性只有通过相互支撑才能得到某种程度的克服。二者是一种互补的关系，它们都是认识、观察和改造世界不可或缺的。就人类思想发展历程而言，由于科学技术革命的辉煌，曾经存在"唯科学主义"的观点，科学被视为终极真理，而市场经济片面追求经济效益和社会价值取向的物质化，使得科学与人文出现了分裂。科学与人文的分裂，实际上是忘记了人类的发展是"为了一切人和完整人的发展"与"让人类生存得更加美好"这一根本宗旨。因此，人类必须回归科学精神与人文精神的整合和统一。

我们高兴地看到，科学精神与人文精神逐渐向融通的方向发展，在科学上它表现在大量新兴学科、交叉学科、边缘学科的出

现，其内在的根据在于它们的统一植根于人类现实生活本身。

实现科学精神与人文精神融合统一的主体是人，基础在于对人的教育，在于人能够高度认识真理原则与价值原则，并在行动中自觉地把二者统一起来，这是人类从历史发展中所获得的理性认识。马克思认为，社会发展的实质在于"在物种关系方面把人从其余的动物中提升出来"和"在社会关系方面把人从其余的动物中提升出来"。再次提升的根本目的在于优化人的生存环境、提高人的生存质量、确立人的主体地位、实现人的全面发展。因此，从这个意义上讲，作为以人为探索实践主体的科学和以人为终极关怀对象的人文，应该而且只能在人的身上实现更高层次的整合和统一。而这一重任必须由我们的大学承担起来。

统观人类生存发展的方方面面，科学技术已经成为人类文明不可替代的组成部分，科学伦理的问题将越来越突出。我们呼唤科学精神与人文精神的高度整合和统一，超越科学的认知理性和技术的工具理性，站在人文理性的高度关注海洋科学技术和开发，保障海洋科学技术和海洋开发始终服务于全人类，服务于世界和平、发展和进步，目的就是为了实现人的全面发展，保障人类的可持续发展，保障人类生存环境更加美好。我们的呼唤既是对外界对他人的，更是对内心对自己的。常怀大爱、自尊、自省、自律之心，我想，我们每一个人都会对实现科学精神与人文精神的整合与统一作出贡献。

谢谢大家！

学生：吴校长，现在的问题是我们是"中国海洋大学"，但是我们的海洋专业在全国排名前五的很少。我们把一大部分精力放在了其他专业上，您认为我们是不是应该把更多的精力放在海洋方面呢？

吴德星：对于刚才这位同学的提问，我想首先纠正一个判断。在最近国家的两次学科评估中，中国海洋大学的海洋科学和水产科学学科稳居第一，而且我们是以绝对的优势拿到这个第一名的。所以你刚才所说的学校的海洋学科专业排名问题是不准确的。尽管我们的一级学科排名第一，但在一级学科下，学校有的二级学科还没有走到稳拿第一的水平，应该也要像一级学科一样，都要拿金牌。我们不仅有这个基础，更要有这个气魄。比如，学校的物理海洋二级学科是第一，海洋生物学也应该拿第一。这就是金牌意识，也是海大的气质。在我看来，如今我们的海洋科学和水产科学已经在国内有了相当的地位，因此我们的眼光就不应局限于国内，而是应该瞄准国际水平，在国际上代表国家取得话语权，争得应有的地位。这是我们的目标所在，也是学校的价值取向。

学生：您好，刚才吴校长在发言中，提到了人文精神和科学精神相脱离的问题。吴校长说到"人文精神追求的是真善美，科学精神追求的是认知的真理性"。刚才吴校长也说到了海大的海洋科学发展在国内是一流的，说得我们大家热血沸腾，大家

都非常欢欣鼓舞。但是我想问，海大如何发展和强大我们的人文学科，让人文精神和科学精神更好地结合起来？谢谢。

吴德星：这个问题也是很多文科同学、老师经常提出的问题。在海大发展历史上，人文学科曾经有过两次辉煌，这是学校的骄傲。这些年来，我们有重点、有次序地发展综合学科，文科硕士点、博士点一级学科的相继设立，体现了文科的快速健康发展。但如果从更宽泛的人文角度来思考文科的发展，我希望我们海洋大学的文科在向着应用领域拓展的过程中，要更加注重成果的思想性和普适性。一个大学在自身发展的过程中，包括了方方面面。但从未来和历史两个角度来看，大学更应该是一个出思想、出大师的地方。这是大学履行文化传承创新职能的重要体现，也是大学对于人类文明的最大贡献。基于这样的出发点，学校今后将会投入更多的力量，支持和促进人文学科和社会科学的发展，希望海洋大学在未来能够产生更多的思想家，为国家和民族进步作出自己应有的贡献。

学生：各位前辈，我想在我们这个阶段，我们所接触到的关于海洋资源的利用的方式和结果都停留在一个初级阶段。我想知道在现今的中国，对海洋资源的利用在现实中走到了什么地步？谢谢。

吴德星：你的问题是问我们国家对海洋资源的利用处于什么阶段吗？（学生：是的。）好的，我认为，我们国家对海洋资源的利用现在仍处在粗放型的阶段。之所以说是粗放型，因为目前我国很多的近海资源出现了严重衰退的现象，近海污染日趋严重，海洋生态系统严重失衡，这些都严重制约了我国海洋资源的合理开发和利用。2009 年，胡锦涛总书记到山东省视察工作，提出了"蓝色经济"的概念。蓝色经济的核心概念就是在人与自然和谐的前提下对海洋资源科学开发、利用和保护，这要求我们必须用创新的高新技术支撑海洋的开发利用，特别是对海洋资源的开发利用。比如，学校以管院士为代表的团队提出了建设海洋生物资源高质化的"仓库"，在更高的层次上形成海洋产业链，在保证物质需求的基础上让环境变得更好。我认为这种统筹了人类生存发展需要和生态可持续发展的大思路，才是我们海洋大学加快科学研究、服务经济社会发展的基本思路。只有真正实现了这一思路，才可以说我们在融合科学精神和人文精神的道路上进行了自己的有益探索。

谢谢大家。

美哉·大海

周永家

周永家简介

　　1934 年 12 月生于辽宁盖州,著名军旅画家。1960 年被选为全国第三届文化艺术代表大会主席团成员,并当选第三届全国美术家协会理事。现为中国美术家协会会员,中国人民解放军一级美术师,享受国务院特殊津贴。从事中国画艺术创作 40 多年,凭借对人生、社会、哲学、文化的深厚修养,创作了大量具有大海气质的美术作品,形成了个人独特的艺术风格,被誉为海性——大海画家,独步当代中国画坛。作品 15 次入选全军、全国美展。曾先后在国内外举办个人画展 20 余次。有 6 幅作品在全国的美展中获奖。作品《海祭图》、《白云深处》、《水兵日记》被编入《中国现代美术全集》。

莽宇吞吐海门开，袤展平洋谁主宰。
三山稀田让六水，唯我独占浩瀚才。

美哉·大海。有史以来，西方人认为：大即是美；东方称：大则伟则美，小则弱则丑。人世间把浩瀚的海洋列为万象之首，环宇之巅。她的雄浑博大、广袤无垠、惊涛骇浪、神奇莫测，令人类赞叹、慑服；她那永不枯竭的乳汁，哺育着广宇生灵；她那纯洁流动的世界，净化着人间万物；她那大美的容量，铸造了永恒的艺术。因而，世界上有众多文人墨客极虔诚地写她、画她、唱她、歌颂她，这就是大海的魅力。我爱大海，她也十分厚爱地选择了我。历时50余个春秋，从她那喜怒哀乐、平静咆哮中灵悟了大海的性格；从她那凝重质朴、斑驳沧桑的身躯里找到了生命的价值，找到了表现大海的绘画语言符号，创造了"大海礁石皴"。从此，大海便成为我大半生中取之不尽、用之不竭的艺术创造空间。

大海·生命的摇篮。大海不仅是艺术创造的母体，也是人类生命存在不可替代的摇篮。哲学理念认为：存在决定意识；人类的美学观认为：由于海洋之大、之壮阔、之无限的存在，致使她提升到美学的高度，即是从物质到精神、从大美精神转化为海洋对人类索取物质过程的高度。所以，她的美学价值不仅是人类生存赖以仰仗的最丰富的资源库，也是世界万物蓄存量最大的基地。当人类世世代代享受海洋的馈赠时，你可曾想到有朝一日她也会枯竭吗？这是最严峻的现实。如果人类在治理海洋时缺乏人文关怀，不能把人格提升到大美之境界，不能注意到海洋的自律性、生物链的构成性，那么随着人口不断增长对海洋所进行的无休止的开发，将导致危及人类生存的悲剧到来。因此，人类对海洋的保护已成为划时代的使命。

大海·时代骄子。当代人类只有把海洋文化提升到科学、美学、人性学的高度，人类才能创造出蓝色大美的明珠。海洋是太阳系中非常玄妙的存在，面积是地球表面积的十分之七，是最大的承受人类生命和智慧的起源地。她之浩瀚、深度、广度是神秘不可测的；她所承载的科研容量领域，是难度最大的系统工程。所以，科学地认识、研究、开发、保护海洋已成为迫不及待的任务。

海洋科学已走进时代大美学的历程。美学是对人生、社会、自然之规律及生命本质意义的诠释，是当代观念的时尚。美学的理论基础是哲学，她的最高层面是艺术。所以，科学和艺术从来都是同构、互补、参照的。运用大美的科学观、艺术化的构建，去开发海洋，那将是人类最崇高的事业，岂不美哉。

建造海洋文化是人类文明的象征。文化是美学、科学、人性学的底蕴。在中国革命战争中，伟人毛泽东说过："没有文化的军队是愚蠢的军队，愚蠢的军队是不能打胜仗的。"同样，人类征服海洋，也要以人为本，才能真正做海洋的主人。人性是人类之天性，是海洋科学文化的基因，人性文化美的精神的外在体现就是君子行为。君子爱财取之有道，这个道即是人格力量之魅力，也是科学文明地对待大自然之道，是站在人类最高利益基点上，去承诺，回报海洋馈赠所构建之文明。

总之，只有用人性的真善美之境界把治理海洋事业提升到科学、美学、人文学的高度，才能创造辉煌的未来。

谢谢！

中国传统审美
经验的局限与断裂

——兼议中国传统文学中的海洋文化

朱向前

朱向前简介

　　1954 年出生于江西宜春,现为解放军艺术学院军事文艺研究所教授,中国毛泽东诗词研究会副会长、中国作协全国委员、军事文学委员会委员、理论批评委员会委员,中国作协茅盾文学奖评委、鲁迅文学奖评委、中宣部"五个一工程"奖评委、新闻出版总署国家出版基金项目评审委员,中国图书出版政府奖评委;中央电视台军事频道"周末开讲"主讲嘉宾。多年来,发表理论评论近 200 万字,已出版专著、文论集 16 种近 500 万字。并获得鲁迅文学奖、中国人民解放军文艺奖、国家社科基金优秀成果奖等十余种奖项。近年来,朱向前以《毛泽东诗词的另一种解读》为题演讲,反响热烈、好评如潮。

尊敬的各位专家，老师们、同学们：大家下午好。

首先我要感谢这次论坛对我的邀请，给我这样一个学习机会。从上午到刚才，对我来说醍醐灌顶，受益很大。其实，对科普，对海洋，在和大家喝彩鼓掌的同时，兴高采烈的同时，我不免心生忧患意识。当然，不是忧患海洋的污染，也不是忧患南海问题，因为我现在也不是什么海洋部部长。我忧患的是，前面各位讲得这么好，水平这么高，到我这儿接不住了。

因为这次论坛是以海洋为主题的，而我对科学、对海洋完全外行，我的专业是文学理论批评，我近期主讲的题目是"毛泽东诗词解读"，但这次要谈的是对于海洋的看法。我来到海大才知道，咱海大已经有一个海洋文学研究所，我这下撞枪上了，死定了。但是，是军人就要死在战场上，是教授就要死在讲台上。豁出去了。按照我的讲法，思路和前面的略有不同，我的发言题目是"中国传统审美经验的局限与断裂——兼议中国传统文学中的海洋文化"。

所谓中国传统审美经验，我指的是几千年中国农耕文明形态的艺术表现与升华，主要特质无非是天人合一、万物有灵、亲自然、接地气、师造化、重感悟等等，其表现对象和工具、材料大都来自自然又趋赴自然。从石刻、木雕到园林乃至绘画、书法，莫不如是。它们也都符合艺术自然论，即越是自然的便越是审美的，越是原始的便越是诗意的，反之亦然。又如，月光、萤火、渔火皆可入诗入画，而到了汽灯、电灯则毫无美感了。又如，行进在林间小路上的老牛车可能充满诗意，而高速飞驰的动车组则毫无诗意，纵然张大千、徐悲鸿也徒唤奈何！再如，出自"仿生"的汉字，也因其象形万物而具有天然美感，尤其入诗入书多以明月清风、山岚流云、梅兰松菊等字眼为美，反之满眼科学名词或工业元素，则王右军、李太白也要掷笔长叹。正是在这种农耕文明中浸润、积淀了数千年的审美经验，与农耕生活和田园理想水乳交融，并进一步渗透在诗、词、曲、赋、戏剧、小说中，最终形成了独具一格的中国气派和民族作风。它在表现既往的农耕文明形态中已经达到了炉火纯青、登峰造极的高度，但与此同时，它在游离农耕生活或遭遇异质（工业）文明时就凸显了自身的局限或产生了深刻的断裂。（其实，这个局限和断裂，本身就已形成了一对悖论。）

比如面对海洋。因为它的浩瀚、辽阔、深邃、变化无常、威力巨大、凶险莫测，它已然超越了农耕文明能力的经验范围，所以在中国文学传统中，有关海洋的描写或想象，历来显得贫乏和稀缺。搜索记忆，相关链接到的无非是《山海经》中的"精卫填海"，庄子《逍遥游》之类的神话，以及曹操的《观沧海》，李白的"海上生明月，天涯共此时"，张若虚的"春江潮水连海平，海上明月共潮生"之类的诗句。比较有点人间生活经验投射的想象性场景，也不过是《西游记》中关于东海龙宫的有限描绘。其中最著名的莫过于曹孟德的"秋风萧瑟，洪波涌起；日月之行，若出其中，星汉灿烂，若出其里"，真实切近地写出了和海洋一样阔大宏伟的诗人气度和胸襟，也堪称中国古代文学传统中关于海洋的经典力作。美则美矣，但如果从对大海的体验和认知而言，则显然过于宏观、潦草和隔膜。"登山则情满于山，观海则情溢于海"，只能"观"而难以身入与深入，这是一种生命体验和实践的局限，这也是内陆——土地——农耕文明的局限。

当然，还可以想象。但想象也需要生活与生命的经验为依托与凭借。可以比较一下天上、地下与海洋三个维度的想象空间与景象。天上有日月星辰、风雨雷电，景象直观也丰富，想象自然更加瑰丽多姿，而且云彩特别是晚霞的绚烂、堂皇与壮丽，容易催生出天宫、天堂、西天圣土之类令人神往的天上人间的正面想象。而地下则与之相反，峡谷、深壑、山洞、水井、巷道、墓穴等等，具体且实在，呈现出向下的负面的价值与感情指向，都是人们进入并构想地狱的通衢与根据。与以上二者不同的是，大海离农耕文化更遥远、更陌生、更神秘，也更难以认知与把握。"海是龙世界，云为鹤故乡"。因之，比较于天堂与地狱，国人对海洋的感觉评价从来就比较暧昧、中性，并偏于敬畏和恐惧。在我看来，所谓海龙王的形象其实主要来源于牛，原形还是匍匐在土地上的，想象飞腾的空间也有限。

换一个角度，可以再与西方文学中的海洋形象略作比较。一是物质的，即借助工业和科技手段进入大海深处，并以此为出发点的凡尔纳的科幻小说《海底两万里》。是想象，但离不开科学。依靠科学，人们深入了大海，认识了大海，让中国读者大开眼界，也使中国传统文学中的海洋描写相形见绌。二是精神的，即西方的文化理念是人定胜天，即使我斗不过大海（大鱼），但我也决不认输。这就是海明威的《老人与海》中传递出的英雄主义主题，同时也折射出西方的天人关系观，即我是与大自然（大海）对立，以征服摄取（当然也是破坏）为最终目的。中国人显然不是这样。从对海畏惧到亲和，从郑和下西洋到借海行船的移民潮，几千万勤劳、勇敢、智慧的中国人从海路走向了世界，将自己的瓷器、丝绸、饮食，将自己的文化理念和

民族精神、传播到世界的每一个角落。"有海水的地方，就有中国人"。《北京人在纽约》、《上海人在东京》就是中国侨民海外生存的真实写照。如果说我们过去还少有以大海为主要描写对象和背景的作品的话，那么，20世纪80年代我们终于先后读到了王蒙先生的短篇小说《海的梦》和邓刚先生的中篇小说《迷人的海》。这恐怕是中国文学尤其是新文学百年以来罕有的写海洋的优秀小说。它们分别从"泳者"和"海碰子"的视角与体验出发，虽然进入的深度远不及两万里，但却把海拟人化了，赋予了大海以灵魂和情感，而且是有性格的。虽然有时不免暴烈，但总体是温馨可人、善解人意的。第一次通过人海合一的故事和经验，自然地表达了人与大海互为依存、互为相知的传统中国的天人合一的理念，优美而迷人。我们感谢王蒙先生，感谢邓刚先生。

好了，下面我换一向度，接着再说中国传统审美经验的现代性断裂。

"文章合为时而著，歌诗合为事而作。"自从中国"被现代化"100多年以来，几大国粹艺术虽然也曾努力洗心革面、推陈出新，但至今成果寥寥。几乎所有的优秀中国画均与工业题材无涉是一个不争的事实，传统戏曲和格律诗词的现代转轨仍在蹒跚行进之中。即以小说而论，亦大体如此。鲁迅、沈从文所谓开乡土文学之先河，主题或许出新，但描写对象仍在农业文明形态之中，与中国传统审美经验承前启后并无断裂，所以写得好；老舍、张爱玲、钱钟书的现代书写中流贯着传统贵族士大夫的血脉，也不能算断裂，所以写得也不错。真正有断裂感的是茅盾的《子夜》和穆时英、刘呐鸥们的《上海的狐步舞》之类。写上海滩新兴的资本主义和现代文明有如霓虹灯一般闪烁炫目，所以《子夜》开篇吴老太爷甫进上海便被眩晕过去。这是一个象征，是一个农耕文明被工业文明挑于马下的象征。面对钢铁般强大而冷漠的工业怪物，中国传统审美经验手足无措了。也因此，中国都市文学诞生之初就断了胎气，既先天孕育不足，又后天营养不良，导致百多年来至今羸弱不堪。所谓生活不熟、经验不足等等还只是一个表象。

深层的原因是传统审美经验的断裂和对异质文明的拒斥，因此，怀旧与追忆成为普遍的文人情怀。小说(远不只是小说，还包括琴棋书画、园林、服饰、烹调等等)艺术的集大成者是《红楼梦》，那是一曲对熟透了的几千年农业文明的审美形态的深情挽歌与回眸，正所谓"临去秋波那一转"，却"回眸一笑百媚生"，令无数后来者为之倾倒，心追手摹，余音袅袅不绝如缕。即以30年来的文学骄子而论，也莫不如是。陈忠实在古老的白鹿原上，是何等潇洒倜傥、叱咤风云；莫言在高密东北乡汪洋血海般的红高粱中，天马行空，神出鬼没；贾平凹则在邈远的商州山中，古怪精灵，灵光闪烁;阿来在尘埃落定的蓝天之下藏地之上，虽心静如水，却诗心飞扬……但无一例外的是，只要一离开生命与文学的故土，进入都市生活或工业化进程，都顿时花容失色、笔干墨枯；同为一人却判若云泥，甚至同为一部作品也因描写对象的转移而质地参差，仅得半部杰作。具体画一条线来说，就是当手扶拖拉机一出现，那突突突的马达声和股股黑烟打破了乡村的宁静和纯净一样，作家笔下的语感、意境、情调、意趣也为之一变，找不准甚至找不到了。与之成一反证的是，第八届茅盾文学奖中的黑马郭文斌以一部《农历》杀入提名奖。他聪明地彻底回归传统，以24节气为音符来为深邃博

大的中国农业文明献上一曲诗性、空灵、明亮、温暖、安详的小夜曲,虽为小制,却因其境界高远、纯净淳厚而直抵人心。

如此种种,也从另一侧面再次证明,在人类文明漫长的演进过程中,在不同文明形态的相互激荡中,技术甚至制度层面的东西均可日新月异、与时俱进,但更为深邃、复杂和高级的审美经验,它一旦积淀为某种范式和图式,那它就成为这个民族的深层记忆或集体无意识。形态越高级越成熟,排他性便越顽固越强烈。对于中国传统审美经验在现代性书写中的断裂和局限如何修复和转化、开拓和创新,都将是一个复杂而尖锐的挑战、一个艰苦而漫长的过程。需要等待,需要耐心。

谢谢大家。

对话

学生:我想问一下朱向前老师,您刚才说到中国传统审美经验的局限和断裂,我们都知道传统的审美经验是以农业文明为对象的,我们期待着传统文化的回归。我们不能说农业文明和工业文明谁好谁劣,但是农业文明已经无法重新成为人类文明的主宰,我们无法阻挡工业文明前进的步伐。在这种情况下,怎么去继承传统的农业文明呢?

朱向前:这个问题比较复杂。回归精神家园,怀念、仰望就是方式之一,包括云南的丽江、大理为什么成为旅游的热点,不光是国人去,外国人也去,而且不少老外在那里定居,为什么?就是因为它是农耕文明时代理想民居的最完整的留存,可以在这样的地方回望与缅怀从而受到熏陶和洗礼。

杞人忧海

蒋子龙

蒋子龙简介

　　1941 年生于沧州。1961 年毕业于海军制图学校，任海军制图员。1965 年复员回到天津重型机器厂，担任过厂长秘书、生产工段长、车间主任。曾任中国作家协会副主席、天津作家协会主席。1962 年开始发表作品。1979 年以《乔厂长上任记》，1980 年以《一个工厂的秘书日记》，1982 年以《拜年》获得全国优秀短篇小说奖。1980 年以《开拓者》、1981 年以《赤橙黄绿青蓝紫》、1984 年以《燕赵悲歌》，获全国优秀中篇小说奖。著有长篇小说《蛇神》、《子午流注》、《人气》、《空洞》、《农民帝国》等，以及中短篇小说集和散文集共 80 余部。1996 年出版了 8 卷本的《蒋子龙文集》。

今天是谈海洋，或者说至少跟海洋有关。现代人抱怨，这个地球上已经没有一片净土了，难道有一片净海吗？海洋变成了军事海洋、政治海洋，在海洋上举行一国的或多国的军事演习、导弹发射。昨天利比亚反对派宣布，把卡扎菲埋在一个神秘的地方，今天又变卦了，宣布要把卡扎菲投进大海。为什么？埋到地下不安全，恐怕有一天被挖出来，有人拿他做文章，而投进大海就是彻底的消失，真是连魂儿也找不到了。天有天道，地有地道，海有海道；海道是变动的，是活的。所以美国击毙本·拉登之后，也把他挫骨扬灰，撒入大海。现在，出于政治目的，把这些人投入大海，使海洋成为了藏污纳垢的地方。历史上之所以有些人阴魂不散，跟坟地有关，你不知道地下埋着什么、藏着什么、陪葬着什么，所以老有盗墓者，挖之不尽，秘密层出不穷，出来一个秘密，带动政治上的、人伦的、社会的变动。而海洋是波动的，在这儿投进去，再在这儿找就找不着了。

　　今天在这儿谈海洋，就让我想起当年对海洋的向往。海洋曾经是我的童话，我的梦。我是沧州人，离海很近，记得有一个晚上，醒来之后，满院子都是海鲜的香味。那是我三哥到海边推海货回来了。我的童年时代，真正的大对虾一毛钱一个，一个大对虾加一个比手掌还长的大玉米饼子，太香了，现在想起来还很香。到以后参军，上海军学校，毕业后当了海军制图员。1958年炮击金门，国际上反应很大。那个年代，各国的领海范围没有统一标准，有的3海里，有的12海里，个别的国家还有20海里的，而我国当年决定12海里以内是我们的领海。宣布之后许多国家不认账。虽然嘴上不认账，但是实际也不敢轻易侵犯。有些外国舰船到我们领海边挑衅，我们的军舰一逼过去它们就退走。美国的军舰挑衅一次，我们就发一次严重抗议，抗议到300多次的时候我就没兴趣记了。因为它不停地进来，你一叫板它就出去。但是这个12海里的领海没有图，所以我从海校毕业之后，就直接去绘中国的海图。诸如山东的烟台港、龙口港，水深多少，航道什么样，那时在我心里都十分清楚。那时候的海水喝到嘴里很涩、很咸，但是海水很蓝，能往下看得很深。现在要看到这么好的海，恐怕得跑到远海才能看到。所以，现在的海洋被污染得实在是无话可说了。

现在的科学常识有一个观点：人类起源于生命的微观，生命的微观起源于海洋。但是有了这个生命的起源之后，人类就开始对海洋有了野心。在公元前400多年，出现了"海权"这个名词。现在是2000多年，我们的海权仍然难以说是非常稳固的、牢靠的和安全的。19世纪末，美国的一个海军军官叫马汉(音)，他写了一本书《海权论》，研究和保护自己的海权。那个时候，我作为海军制图员很不理解，也很不甘心，所有的地理教科书都写着中国的面积是"960万平方千米"，这个数字里不包括我们的海洋国土。我们自己编地理课本，却不把自己海洋面积算到自己的国家版图中，把海洋给漏了。为什么马汉(音)写《海权论》？西班牙帝国是海盗起家，所谓日不落帝国就是几艘军舰带着一批商船打到哪儿就抢到哪儿。自打有了海权意识之后，人类知道，征服海洋就能借助海洋征服世界、征服他人、掠夺他人、成就自己、发达自己。

以伊拉克战争为例。打伊拉克的时候，美国的情报机关在伊拉克全境锁定了1000个目标，发射了600枚巡航导弹；其中，

500枚是从军舰上发射的，只有100枚是从飞机上发射的。南海是我们的海域，但是110口油井中没有一口油井是我们自己的。想一下，每一个中国人心里都不甘。所以海是我们的大门，海是我们生命的摇篮，也将是我们生命的防护线。日本监测我们海洋的武器、雷达什么的，在我们领海的外面，拉成一条线，就像西瓜一样坠在海面上，我们领海的任何军事实验和活动，都通过那个东西反馈到日本。我们的渔民非常棒，日本的间谍船在前面把一个一个的"科技西瓜"抛到海里，我们的渔民就一个一个把它收起来，到大陆以后卖破烂，废品站专门收这个。日本气得没办法，后来在每一个"西瓜"上用中文写上"里面无铜，偷了没用"。但是渔民照捡不误。

我原来定的演讲题目是"杞人忧海"。因为杞人忧天是咸吃萝卜淡操心，用不着这样。忧海就不一样了，忧海是真真切切地在忧虑人类的命运。人类的生命是脆弱的，有时还不如一株植物的生命力强大。广岛被原子弹轰炸后，一片焦土，很多生物都死光了。但到第二年，在焦土中钻出了绿芽，是银杏树的，只有银杏树又发芽了。可见，有些植物比人类的生命力更强大。人类照这样折腾下去，真的要自取灭亡吗？

谢谢诸位。

中国海岸带
面临的挑战与综合治理

刘守全

刘守全简介

男，1944 年出生，国土资源部青岛海洋地质研究所研究员。1969 年毕业于北京矿业学院煤田地质系。曾任青岛海洋地质研究所所长，中国地质灾害研究会海洋地质灾害专业委员会主任委员，山东石油学会副理事长，中国大洋矿产资源勘查协会理事，科技部国家奖励评审专家。现担任青岛海洋地质研究所科技咨询委员会主任委员，青岛海洋科学与技术国家实验室理事会副理事长。

长期从事石油地球物理勘探和海洋地质调查研究及科技教育管理工作。作为编委会主任组织编写了《中国海洋地质丛书》一套共 8 册；作为编委会副主任委员组织编写了《海洋地学科普丛书》一套共 5 册。作为作者之一出版专著 2 部。作为主要成员获得国家科技成果二等奖 1 项，国土资源科技成果一等奖 1 项，二等奖 4 项。作为第一作者在核心期刊发表论文 12 篇，作为作者之一发表论文 20 余篇。1992 年被评为青岛市优秀共产党员，1993 年被评为青岛市劳动模范。

尊敬的主席，各位领导、各位专家，老师们、同学们，大家下午好。

　　今天我在这里用一天的时间听了这么多专家的报告，真是与君一席谈，胜读十年书。因为除了麦院士之外，他们都不是从事海洋专业的，但是讲起海洋来，却能够侃侃而谈，妙语连珠，如数家珍，实在使我们这些自诩为海洋专业的人员倍觉汗颜。今天也听了同学们的踊跃提问，真的是感觉到后生可畏，你们是中国海洋事业的未来。

　　我是从事海洋地质研究工作的，今天既不讲海洋，也不讲陆地，而是讲海洋和陆地的结合部——海岸带。从海岸带地质与经济社会发展的角度讲三方面的内容：第一是中国海岸带宏观背景，第二是中国海岸带面临的挑战，第三是中国海岸带的综合治理。

　　海岸带是一个非常独特的区域。从广义来讲，是水圈、岩石圈、生物圈和大气圈相互作用的交汇地带，也是人类活动最为活跃的地带，因此它的脆弱性也是与生俱来的。我们国家有18000千米的海岸线和14000千米的岛屿岸线，这个狭长的区域其面积只占国土总面积的13%，却分布着全国70%的大中城市，养育了全国42%的人口，创造了全国67%的经济总量。这个区域是我们国家经济社会发展的龙头。纵观世界我们不难看出，所有的发达国家，几乎都是濒临海洋的国家；这些国家的发达地区又几乎都在沿海地带，这就显示了海岸带在一个国家经济社会发展中的重要地位。但是，海岸带又是灾害频发的地区，日本大地震引发的海啸所造成的巨大损失我们至今记忆犹新。如何实现人与自然的和谐相处，实现资源开发与环境保护的协调

中国海岸带面临的挑战与综合治理

可持续发展，这是一篇大文章。所以，我想今天讲的是自然科学与社会科学相结合的内容，与"科学·人文·未来"论坛的主题还是合拍的。

第一，中国海岸带的宏观背景。

简单讲就是两点：我国东西的地形差异和南北的气候分带。从鸭绿江口到广西北仑河口18000千米的海岸带濒临着最大的西太平洋边缘海和非常壮观的一个沟弧盆体系。从青藏高原到东部平原，在这样一个只有1300千米的距离内，地形高差达4500米。如此巨大的地形高差和持续不断的差异运动，使中国西部高原和山地成为世界上最大的陆源碎屑供应地，通过河流水系源源不断地输送到海洋。

我国海岸带横跨22个纬度带，具有温带、亚热带、热带等多种气候类型，多种海岸类型交错并存，各具特色。南北气候分带是中国海岸带的特征与演变存在显著的南北差异的重要控制因素。太阳辐射量的大小制约着风化作用程度。北纬30度以南，化学风化强烈，风化产物中黏土含量高，高价铁多于低价铁，普遍发育红壤。而北纬30度以北化学风化显著减弱，发育棕壤和黑壤。实践表明，气候和植被同地形一样，也是影响沉积物的性质、输送方式和扩散途径的重要因素。中国大陆东西地形差异和南北气候分带，是控制中国海岸带发育的宏观地质背景，也是影响中国海岸带稳定性的重要因素。

第二，中国海岸带面临的挑战。

一是全球变化与海平面上升带来的威胁，二是物质平衡被破坏带来的威胁，三是环境恶化和地质灾害带来的威胁。

现在都讲碳排放，由于二氧化碳的大量排放导致温室效应，使地球表层气温升高，两极冰盖融化海平面上升，从而给人类的生存环境带来灾难性的冲击。一些科学家的研究成果显示，如果大气圈中二氧化碳的浓度增加1倍，全球的降水量就增加12%～18%。而气温每上升1度，中纬度的植被将向北推移100～150千米，全球的农作物结构和质量将发生巨大改变。随着大片沿海低地为海水淹没，热带红树林将被破坏，风暴作用和海岸侵蚀将加剧，地面沉降与海水入侵等地质灾害将日趋严重。有人做了一个估计，到2050年，孟加拉国沿海海平面将上升13～209厘米，18%的国土将沦为泽国。

从19世纪初至今，世界平均海平面上升率为0.2～3毫米/年。自1960年以来，中国海平面每年的平均上升速度为2.1～2.3毫米。上海市的平均海拔只有1.8米，最低处仅0.91米。至2030年，上海地区的海平面相对上升量为30～40厘米，至2050年，将达到50～70厘米。数百年后，我国东部将有大片富饶的土地被海水淹没，那就是真正的桑田变沧海了。

河流从陆地上带来的泥沙是海岸带物质的主要来源。统计数据表明，1956～1979年期间入海径流量和泥沙量，主要还是来自长江与黄河。主要河流注入海域的径流量的分布，以东海的径流量最多，占主要河流入海水量的2/3，入南海的水量次之。从20世纪70年代以来，由于水利工程的建设、工农业用水的增加、流域植被的破坏、河床采砂等人类活动因素的影响，主要河流入海水量和输沙量都有不同程度的减少，其结果是我国的沙泥质海岸侵蚀后退。所以，海岸带的物质平衡是建立在海陆相互作用的基础上的。海陆任何一方的重大改变都会引起一系列的连锁反应，并最终导致物质平衡的破坏，其表现形式就是海岸的异常淤积和蚀退。

　　这是黄河三角洲1855年以来瘀进蚀退的情况。我国在中、西部江河上实施了一系列大型的工程项目，这些工程有一个共同的效果，就是改变了由西向东的泥沙输运过程，减少河流入海的泥沙量，从而打破现有的海岸带物质平衡。不管是长江三角洲还是黄河三角洲，这种现象都已经显现，还在向其他地方蔓延。中国三大河流的河口三角洲是我国经济最发达的地区，陆上大型工程及其连锁反应引起的环境后果，无疑将是我国海岸带综合治理在今后几十年内不得不面对的一个重大挑战之一。

　　海岸带环境恶化和地质灾害威胁，第一是过度开采地下水引起海水入侵和地面沉降；第二是海底次生污染源的形成，上午专家讲到海水水体的污染，这些污染物沉淀到海底就成为新的污染源；第三是滨海砂矿和砂砾石资源的开采，破坏了海岸带的物质平衡，引起海岸的蚀退，海滩旅游资源被破坏；第四是无序的大规模填海造地，使30%的被称为地球之肾的滨海湿地资源面临灭顶之灾；第五是无序的填海造地改变了海洋的流场，降低了海洋的自净能力；第六是大规模的水体运动（如海啸）导致的地质灾害或由地质因素（如地震）导致的大规模水体运动都会使海岸带环境发生重大改变，给生命财产造成严重损失。

第三，中国海岸带的综合治理。

海岸带综合治理的核心，是协调自然界的各种地质的、物理的、化学的、生物的以及人类活动的作用，顺应自然，趋利避害，建立自然界的良性循环，确保社会的和谐可持续发展。海岸带综合治理是一项寻求人口、资源、环境协调发展的系统工程，应当以地学为基础，多学科结合制定对策，将资源开发、环境保护和灾害防治作为一个整体来考虑，探索不同类型海岸带的开发模式。在实际运作中，最难的就是寻找资源开发与环境保护之间的平衡节点。以填海为例，海岸带本身是非常宝贵的资源，填海可以产生巨大的发展空间和经济效益，我们不是说不能填海，而是说不能无序过度填海。怎么找中间的平衡点，怎么实现经济社会的可持续发展与环境保护之间的良性互动，做到在开发中保护、在保护中开发，把握这个度是最困难的。

讲到中国海岸带地区的协调发展，它不是一个孤立的话题，而是涉及国家社会和经济发展整体和全局的大问题。它既有人与自然的协调问题，也有陆地与海洋的协调发展问题；既有东部开放与西部开发的协调问题，也有南方和北方实现优势互补避免趋同的问题。所以，处理好全局与局部的各种利益关系，顺应自然规律，趋利避害，制定人与自然和谐共处、开发与保护良性互动、各方相互协调的发展战略，这是需要大智慧的。

谢谢大家。

徐福在日本　正史与口碑

张炜

张炜简介

  1956 年 11 月生于山东龙口，当代著名作家，现为山东省作家协会主席，万松浦书院院长；兼任山东师范大学、鲁东大学中文系教授、山东省龙口市政府副市长、市委副书记，全国青联委员，山东省青联副主席、山东省青年文体委主任等。擅于长篇写作，著有长篇小说《古船》《你在高原》等；中篇小说《秋天的愤怒》、《蘑菇七种》、《瀛州思絮录》等；短篇小说《玉米》、《声音》、《一潭清水》等；散文《融入野地》、《夜思》《筑万松浦记》等。2011 年 8 月 20 日，《你在高原》获第八届"茅盾文学奖"。

徐福在日本　正史与口碑

张炜　71

　　在中国，我总觉得从古到今，很少有谁能像这个人物一样值得玩味。他就是秦代的徐市。现在不少人将其呼为"徐福"，"市"字变了，根据是什么不知道。徐市是个大知识分子，那时的知识阶级似乎不太愿沾"福宝金贵"之类。《史记》是正史，不仅因文采令人激赏，而且史料的翔实也无出其右者。《史记》上载："齐人徐市等上书，言海中有三神山，名曰蓬莱、方丈、瀛洲，仙人居之。请得斋诫，与童男女求之。于是遣徐市发童男女数千人，入海求仙人。""秦始皇大悦，遣振男女三千人，资之五谷百工种种而行。徐市得平原广泽，止王不来。"类似的记载散见于其他古籍，更是不可胜数。

　　徐市是否抵达日本，大多数人并不存疑。有人提出异议，又大多不是真疑。徐市抵日，使日本在极短的时间内从石器时代一下跃入弥生时代。种种考古的依据终于证明了秦人大迁移与日本文明飞跃的关系。尽管如此，徐市东渡之说也并没有出现一个民族群体性抵制的现象。因为这是一种真实的力量，更是一种血缘的力量。

　　关于徐市率童男童女去日本采仙药一去不归的故事，在中国流传甚广。特别是山东的胶东半岛，几乎更是家喻户晓。关于徐市的东渡，民间不曾怀疑；学者，特别是秦汉史专家、古航海研究专家，也不曾怀疑。

　　徐市一举，事关至大。试想，他发现"平原广泽"的时间还要远远早于哥伦布发现新大陆的时间，仅此一条就可知其分量。也正因为这分量，所以人们也就格外慎重；但这慎重之中，有时也颇有些其他意味。

　　正史上没有"日本"两个字。这是因为当时还没有这样的称谓。有人说"瀛洲"和"蓬莱"不过是现在的蓬莱和长山列岛一带。如此一来，又大大低估了徐市一干人马的能力。从第一次受命出航到后来的两次（三次？）出海，徐市率一大群"百工"（当时的精英）竟然就一直在沿海的几个岛上打转，这是多么荒唐的判断。

也有人说是去了今天的朝鲜半岛，特别是济州岛一带。不错，朝鲜及济州岛今天仍有关于东渡的传说和遗迹，但这仅止于徐市一行路过、滞留而辗转去日本的故事。济州岛大概算不得"平原广泽"，而朝鲜半岛域连大陆，估计徐市胆子再大也不敢在此"止王不来"。

胶东半岛一带的人，大约有多半从小就闻听了徐市传奇。这是一种什么力量？正史之有力，是因为文字有力；可是，心史在许多时候却更为有力，因为人心是扑扑跳动的、不灭而鲜活的。人心与文字的不同之处是它既不能烧毁，又能通过无数颗心而战胜遗忘。

从古黄县一些村落地名看，也颇有启示。"登瀛村"，这不是个轻易可以诌出的名字；"士乡城"、"徐乡县"、"徐乡城"，都是历史上的真实名字，它们都与徐市东渡有关。徐市以采药为名带走的"士"可谓多矣，"士乡城"则是他们的集结地。而据《齐乘》记载，以"徐乡"命名的县和乡，都是因为徐市求仙名声大噪而得。

另外，在河北省有"千童县"，在山东胶南县有"沐官岛"。两个地名分别表明徐市当年在那里聚集3000童男童女、出航前实行斋戒。还有不少类似的地名，它们都散在山东和黄河以北许多地区。

佐贺

日本佐贺是座美丽的城市，南海北山。站在金立山上往南一望，不由得就要慨叹一声："好一片'平原广泽'!"这儿今天每每被认为徐市的登陆地，作为徐市最早抵达的一片阔土，一直享有独特的光荣和自豪。这儿有许多人自认为是徐市后裔，并且有非常强烈的寻根情绪。几年前，因建设施工发现了一处古遗址，经判定为秦人渡泊之地，并且也是秦人文明在日本本土发扬光大之地。此遗址目前因各种原因仅发掘出一小部分，但已是蔚为壮观、规模宏大。遗址所在地吉野很为自豪，并且认为这一发掘使徐市登陆的"佐贺说"更为固牢。

我在一个酒会上遇到一位医生，当她得知我是中国人之后，马上神秘而激动地在我耳侧说起了什么。我没法听懂，她就在纸上费力地写下了这样一句话："有人要搞建筑，破坏吉野遗址，让我们一起保卫吧!"我看了很感动。但我自知自己远没有这样的力量，我十分钦佩她的激情和勇气。比起她来，我得承认，我和我们的激情差了不知多少倍。她的举动正是应了我们中国人常常说的一句话，叫做"知其不可为而为之"。我只能在纸上写了一句不像样子的但却是很真诚的套话："欢迎您到徐市故里——中国去!"她取起来对在眼上逐字看了一遍，泪水立刻涌了出来。她紧紧地拥抱了我。我觉得她的举动淳朴动人，包含了无尽的内容。

一个晚上，当地徐市协会为我和我的朋友开了个很大的欢迎宴会。这足够隆重和排场，出席者不仅有协会的主席，有政府官员，而且还有重要的艺术家和历史学家。他们大多是被一种情结给盘住的人，有一种看看老家人的情谊在里边。我的出生地在胶东龙口，这一点在他们眼里非常重要。

商人以及官方人物不能说一概纯粹到何等程度，他们也重视直接利益，所以宴会上，他们与我交谈了一会儿之后马上提出要卖梧桐，并且不再怎么热衷于谈论徐市了。但一般的市民和学者却始终只有一个话题：徐市与日本、徐市与登陆地佐贺……

第二天，在诸富町官邸，待客人落座后，主人马上端上一盘糕点，每人一块。糕点的名字叫"徐市长寿糕"。后来才知道，在此地，类似的以徐市命名的小商品还有许多，如"徐市茶"、"徐市酒"、"徐市香"，等等。

佐贺有一个能干的女人，她是一家著名糕点铺的老板，同时又是徐市协会的积极参与者。她对自己即是徐市的后人、"渡来人"这一点上，从未怀疑过。她的店出产的所有糕点都与徐市有关，如我们在官町里吃的"徐市长寿糕"就产自她的店中。她的糕点多做成船形，以表示对徐市远航的纪念。我们分手时，女主人又赠给许多美味糕点。

诸富町官员兴致勃勃地把我和朋友们引到一个地方。开始不甚明白，后来才知道他们要让我们参观一处新建的文体活动馆。这处文体设施的建筑规模属于中型，但设备较好，管理也非常先进。我们站在大厅里参观时，主人按动了一个按钮，正中的大舞台上徐徐降下一个巨幅挂毯，原来上面的图案就是"徐市东渡图"。这个大挂毯漂亮异常，问了问，是主人一年前向中国济南地毯厂定做的。

佐贺有关的徐市景点多得不可胜数。由于时间的关系，我匆匆看过，还没有看到其中的十分之一，已经花掉了差不多一个上午。给我深刻印象的有徐市所植之树，徐市登陆后开凿的第一口井，徐市登陆时领航的"浮杯"地，徐市祠……这些地方都得到了很好的保护。

　　徐市协会一类的机构，在日本民间大约有 5 个。这些组织都积极开展活动，并有许多人在著书立说。几乎所有纪念地附近的店铺里都摆有这一类著作，印制得非常精美。我看到了三四份以徐市为主题的专门性刊物。

　　值得一提的是，佐贺有一个建得很漂亮的"徐市宫"，宫内有大量关于徐市事迹的介绍，图片文字甚至电视动画一应俱全。

　　日本人说，在境内古迹最丰富、最能显示其文明和历史的，就要数佐贺了。而佐贺给人最深印象的，就要算与徐市遗迹连在一起的一切了。为了提醒后人从何而来，佐贺每隔 50 年就要举行一次声势浩大的祭祀活动，在长达一个多月的时间里，登山、演艺，参加者几乎包括了全部市民；而一系列活动的主题只有一个：纪念徐市。

新宫老人

　　新宫市是一个很小的城市，地处熊野川西岸，属和歌山县。正像我们所知道的一些美丽小城往往独具魅力一样，这里也是一个极好的游赏之地。新宫人引以为荣的仍然是徐市——他们一致认为徐市是从新宫的海湾登陆的，而且言之凿凿。走在新宫街头，不时可以看到以徐市命名的旅店和茶馆之类。在一个如今已淤得浅浅的海湾一侧，立有一个"徐市登陆纪念碑"。新宫市最高的建筑可能就是"徐市宾馆"了。还有，这个小城建有"徐市公园"，内有千余年前甚至更早时候的古碑、铭文、徐市墓等，也有最新的纪念物，如中国龙口市专程从国内运来的"徐市东渡故事浮雕碑"。此处公园现在已与该市著名文化旅游景点如浮岛森林、佐藤春夫纪念馆、新宫古城遗址等齐名。

好客的新宫人当中有一个老人让我不忘。他叫奥野利雄，陪了我和朋友们全程，而且每一个参观景点他差不多都跑在了最前边，为我们作介绍时，总是声音洪亮、清晰，而且底气十足。他看上去面色红润，双目炯炯，腰板挺得笔直。我一直认为小城空气清新，而且这里的人又善保养，老人一定70岁左右了，仅仅是看上去60岁左右而已。因为在日本我多次遇到这种例子。

一次宴会上我忍不住问了一句老人高寿？老人答"94岁"。

座上的中国客人全都惊得不语。这样停了大约几秒钟，有人才开始询问老人长寿的秘诀。老人答：因为我生活上多多注意啊。"怎么个注意法呢？"老人又答：70岁以前不论，70岁以后就要按时休息了。"怎么'不论'呢？"老人解释：不论，就是干什么都不在意，比如吃和玩、劳动等，不论怎样都不去管它，就是说随便了。大家大笑。

现在奥野先生的全部精力和热情都投放在与徐市有关的事业上了。他曾出版过徐市研究的专著，在该领域内具有很大影响。在他和许多日本人的眼里，几千年前的一位中国人，历尽艰辛远渡重洋，为处于石器时代的日本送来新的文明，这该是多么了不起的一件事。此事的重要性无论怎么估计都不过分。这是一个遥远然而却是的确发生了的一个伟大事件。

在交谈中我在想，如果连这样的事件都不能唤起我们的热情，那么人类也就太卑微了。人类的激情，一个民族的激情，主要就表现在对待自身一些巨大的隐秘方面，表现在对其追寻和拷问的力量与热情到底有多么大。而对徐市东渡这样一个历史大事件，一个无动于衷的民族才是不可思议的。

在日本期间，在热衷于这个事件的一些人那儿，我总能感到徐市之谜在折磨他们。这是一个多大的谜。此迷关系到一个民族文明的来源和走向，不能不引起一个民族的好奇心。奥野老人是热情好客的，这一点与其他人并无两样；但是，当他肃穆起来的时候，神情还让我有点费解。我想说的是，好多日本人都有这样的神情：他们在热情接待客人的同时，还会让人感到有什么其他的东西压在心底，此时正在泛起、缠住他们。奥野老人在那一刻的凝神让我不解。后来我觉得这神情中，起码有对那个古人的迷茫与敬畏，有阵阵袭来的矛盾和惊奇……这样一些复杂难言的情绪。当然，这也完全有可能只是我的臆测。

在新宫，对徐市有兴趣的，更多的是60岁以上的人。在其他地方也差不多。在中国国内也是这个情况。这很有意思。大概一个人只有上了年纪，才有关心重大事件的能力和智慧。这是人生经验给予他们的。在漫长的人生道路上，一个人会慢慢悟出生命的真谛。新宫人与其他地方的人有些不同的，大概必会包括对徐市的特殊情怀。日本人不可避免地常常就有一个"中国结"，这是无须多言的。此结当然有地理因素，更有来自文字、语言、习俗等文化方面的渊源。而在这一渊源中，徐市的分量也就可想而知了。

新宫很小，但她很自豪。这儿出过有名的作家佐藤春夫。奥野老人一路上向我们讲了许多作家小时候的事情，一边更正我们的一些误解。比如，我们原以为保存完好的佐藤春夫纪念馆是作家生前留在新宫的故居，奥野告诉我们这是新宫从东京原样"复制"过来的。原来这是作家后来定居东京的一所楼房，屋内的所有陈设，包括屋子周围的一草一木，都按东京故居的模样一丝不差地仿制下来的。这当然颇费工夫，但也惟其如此，才圆了新宫人的一个梦。

熊野

熊野作为又一个徐市登陆地、一个徐市传说盛行之地，引起了我的极大兴趣。它与佐贺和新宫一起，构成徐市三大登陆遗址。由于历史的茫远，我们当然已无法弄清哪一个地点才是徐市当年的首选。因为我们无法仅从海湾的规模和地理位置去做一简单的推理和判断。当年的实际情形必定要复杂得多。这里面有风向水流、当地人文、地理概念……诸多制约，诸多决定因素。

徐市是否在其中一地登陆，大约可以有如下几种情形。一是徐市不止一次踏上日本本土，而每一次的登陆地点又不尽相同，这就形成了多处登陆地；二是庞大的船队经过了长达几月的海上征途，不太可能秩序井然地一次性进入一个港湾，这就迫使他们的船队分别寻找一切可以停泊之地靠岸补给；三是徐市的船队从一个地方上岸之后，还有可能经过一个阶段的休整，然后再驶向其他岸段。这种寻找是再自然不过的事情。所以说以上的情形只要具备一种，也就成了一处徐市登陆地。于是，我们有理由认为传说中的徐市登陆地都有可能成立，而且更有可能的是，真实的登陆地点远不止现在传说中的这几处。

熊野葱绿的山下那深深的海湾，是天然的优良泊地。只要一眼瞥去，一个人就不会忘记，就会在心中默念：是的，一支船队必会在这儿停靠，他们找到了一个多么好的地点。船队停靠之后，由于左右侧都是山麓，可以安稳避过风浪。通向海湾的是一处山凹，登陆人可以很容易地踏上山凹。站在山凹往北看去，就是熊野川两岸平原了。

人们都知道徐市东渡的原因是为秦始皇采长生不老药。许多人都曾问过：此药到底是什么？今天看，这种药当然只会是一种传说和臆想，但在当年却极有可能是一种实指。即便为了欺骗秦王，徐市也要指认一种草药。而在熊野，这种"长生不老之药"到底是什么却从来不成问题。熊野人当中有许多都能毫不费力地指出它。出于好奇，我专门请他们到山上指点过。原来，在熊野山中生长了一种树，很高，很茂盛，像中国南方的乌臼树。他们说当年的徐市就是来采集这种树的叶子的。

就在所谓的一大丛"长生不老药"旁边，有一处非常陈旧的"徐市神宫"。这是一座木结构小屋，小到了不能住人的地步，可是熊野人固执地说这就是当年秦人登陆后所建的栖身之所。这实际上只是一个神龛，供上山的人求拜祭祀。

至于说秦代有人由熊野港湾登陆，这已是确定无疑的事情了，因为海湾附近不止一次挖掘出齐钱币和秦半两钱，这当是确凿的证据。

熊野民俗馆中有"徐市登陆"动画片，十分生动地再现了千古壮举。我极想复制一份，可是管理人员抱歉说有关规定不允许这样。我只能遗憾地离开了。

黑瘦青年

在国内曾接待了一位我的作品译者。他长得黑瘦，但双目炯炯。其工作的认真执著使我感动。我觉得他身上有许多东西值得我学习。当我与他谈起中日两国多年来的徐市研究，他立刻沉下脸来。这样停了一会儿，他又不屑地咕哝道："什么徐市研究，在日本那都是闹着玩的……"

我参与徐市研究工作 10 年，接触了大量日本的中国史专家以及徐市学会的人，对他们的认真与专注、对事业的身心投入态度有一定了解。我无论如何不能同意他的说法。但是转而又想，这位译者毕竟是日本人，而且平时言必有据、不苟言笑，他的话我当然重视。但是一个疑问从此在心中种下，让我久久不忘。

在日本了解徐市研究情况，无非是从两个方面：民间传说的广度，学者的研究。前者不必多说，我觉得在一些传说集中的地方，比如佐贺、新宫、熊野三地，其热情及民众熟知程度都远远超过了中国国内；而在学者那儿，一些著名的中国史专家都参与进来了，他们为一些专业徐市研究杂志撰写了大量文章。这里要多说一句的是，无论是日本，还是韩国，他们的专业徐市研究杂志都印得非常漂亮。

这一切不能说是闹着玩。尽管有些日本人富裕到尽可以奢侈的程度，但如果说他们在拿徐市研究来玩，这大概会惹怒许多日本朋友。

日本人的认真、对事业的投入是有目共睹的。他们就是依靠这种精神，使一个资源贫乏之地变得繁荣昌盛。他们的劳动以及劳动态度是了不起的。以这位翻译朋友来说，他为了使自己每天都能有新鲜的思维，为了有一个强健的体魄，每个星期起码要骑山地车两到三次，每次行驶 100 千米以上。这真是了不起的毅力。像他一样的人怎么会以学术研究"闹着玩"呢？

有一次我正和他一起吃饭，他突然抬头问了我一句："你们为什么突然对徐市这么感兴趣？"

我想了想，回答说徐市是一个了不起的人物，他是一位伟大的航海家，像哥伦布那样的探险家，还是一位友好的使者、人类文明的传播者。面对这样的一位人物，我想我们对他的兴趣也就非常好理解了。他听了只是一笑。他不信我的话。后来停了一会儿，他突然说了一句："徐市根本就没有到过日本！"

我问他证据是什么，他不属于回答，好像也不能回答。从进一步的谈话中我才知道，他从来就没有研究过徐市。那么，我的结论也只有一个了，这就是：他本人并不希望有一位秦人更不用说一个庞大的船队在石器时代到过日本了。

但事实是，不仅是中国首屈一指的正史《史记》中有明确记载，而且日本本土也不止一次地挖掘出秦人文物。如果不是徐市，那也会是其他秦人登陆。这是确定无疑的，日本的杰出学者们从不否认。在日本，我所接触的人中，没有谁对徐市抵日产生过怀疑。日本学界从来就将《史记》当成他们依据的重要历史著作，奉为他们心中的"信史"。

船队途经济州

徐市当年的船队途经济州岛，这已经是不争的事实。韩国时下的徐市研究会，即设在济州岛。出于对徐市、对那个亚热带美丽海岛的向往，我和朋友们又经汉城飞往济州岛。

由于几千年前航海技术的局限，一个庞大的船队不可能直接穿越海峡，而只能沿胶东和辽东一带海岸线特别是近岸岛屿行驶。船队在济州岛休整，补充淡水，可以说是最佳选择。目前济州岛上还保留有西归浦、正房瀑布、朝天邑等与徐市有关的遗址。一些石刻已被海潮淹蚀，但过去有人做的拓片还保留至今，如"徐市望日出之地"、"徐市过此"等等。

济州岛真是一个美丽的地方。此地古代为"耽罗国"，一直到了高丽时代仍然保持着独特的文化。1105年，耽罗隶属于高丽的一个行政单位，再后来的100年时间内一直在蒙古人的统治下；1402 年，耽罗国并入朝鲜。1946 年 8 月行政区域升级为"道"，现有两市、两郡、七邑、五面。它由 60 多个小岛组成，其中 3 个有人岛。该岛总面积近 2000 平方千米，人口近 60 万。这里属于温带海洋性气候，四季分明；最高的山为汉拏山，积雪深春不融。

10 月间，我在这儿看到了一片片的菠萝园、柑橘园，看到了茂盛高大的仙人掌科植物。最难忘的是徐市研究会负责人陪我们去正房瀑布。我们高速驱车近 1 个小时，才穿越一片蓊郁的树林。林中红叶艳丽，有名的"古薮牧马"就在林中自由奔走。各种野物的鸣叫此起彼伏，飞鸟在路旁枝丫上长尾翘动，做着有趣的平衡动作。现在这里已被确定为韩国国家森林公园。

正房瀑布位于西归浦海岸，是一道直接落于海中的长流，落差 23 米，宽 8 米，水沫形成彩虹，波涛声如雷吼。传说当年徐市直赴济州岛，一开始误以为此地就是有"仙人居之"的瀛洲。徐市在此地采药不得，于是才由此启程远航日本，临行前在正房瀑布刻下"徐市过此"。这些字迹已被海水蚀去，所幸已经有人留下了拓片。如今因为徐市传说的缘故，许多人远途而来，只为接一口水喝了长寿。

想想当年徐市在这个岛上遥望远海，该有怎样的心情。此地虽远离暴秦，却远非一个高枕无忧之地。此地离大陆东岸还嫌太近，欲要"止王不来"，这里不能长治久安；欲要"平原广泽"，这里还嫌狭小。于是，他只把这里作为中转站，驶向了更为遥远的"瀛洲"，并且一去不归。

日本学者说

我认识的日本学者都是非常认真的人。他们从不搪塞，遇到事情非常执著，非一气穷穿而不能停止。

以羽田先生为例。羽田先生原先是一位实业家，后又转向中日古史研究，出版有关于秦汉史及日本弥生时代研究的重要著述。他姓"羽田"，在日文中发音为"秦"，古史研究者一直认为有"羽田"姓氏的皆是"渡来人"。羽田一直把自己看做徐市的后人。羽田先生从追寻自己的血脉隐秘开始，在徐市研究方面愈走愈深，花费了许多心血。他出版的一部重要专著就是《弥生时代的开拓者——徐市的故事》。此书写得不仅严谨，而且具有趣味性，引人入胜。

羽田先生个子不高，戴一副眼镜，不苟言笑。他多次因徐市研究来中国，先后到过江苏和山东沿海许多地方，接触了大量中国秦汉史专家。他特别钟情于"山东龙口里籍说"，一次次在龙口莱山、乾山、黄河营古港、士乡城遗址等地寻查。他每到一地都做大量笔记，甚至采集当地植物以用做与日本本土植物对照。我与羽田先生见过十几次面，大约只看到他笑过一次。

羽田先生在日本是一位成就卓著的研究者，他关于徐市东渡、来日本后的传说与事迹考，都在很大程度上影响了这方面的研究。他的足迹抵达日本的山山水水，只要是与徐市研究有关的地方，都要细细考察一番。

他说日本有许多自我认为和他人认为的徐市子孙。如果按古代资料看，那么只有富士山北麓和熊野才有徐市子孙。五代后周时，日本僧人弘顺来到中国，对僧人义楚说："徐市他们住在日本的富士山麓，现在的子孙自称秦姓。"义楚后来就把这段话原原本本地记入了《义楚六贴》中。在江户后期，甲府勤番统治者松平定能奉幕府之命，编纂了《甲斐国志》，上面写道："（徐市）他们以后改名为羽田，居住在川口、吉田从事师职。"这本书花费了整整 9 年时间，全书共 124 卷，而该书资料之全，记述之正确，在地方志中算是代表作之一。书中说的吉田和川口就是富士山的北麓。而"师职"即御师，富士吉田市至今仍设有此职。在此书中，义楚已非常肯定地说"富士山又叫蓬莱山"。这个叫法显然是从中国传去的，是地地道道的中国叫法。

在熊野，关于徐市的后人，新井白石的《国文通考》中这样记载："现在的熊野附近有个叫'秦住'的地方，据当地人传说是徐市的故居。距该地七至八里处有个徐祠（新宫），其间有古墓，古迹至今尚存。这里既然有秦的人，那么他们之间的来往也是必然之事。"

比起日本的学者来，日本的普通老百姓对徐市的信仰要广泛得多。如果说学者中尚有怀疑者，那么民间的怀疑者则要少得多。这是因为徐市故事的流传既广且深，更因为"心史"难移。

说到流传之广，羽田先生一一举例。

纪伊半岛的熊野地区

熊野自古以来就有徐市的传说，但传说形成大的势头则在平安时代到镰仓时代。我们最初可以从 1075 年的熊野别当长快的后记和熊野权现的起源中看到蓬莱岛和徐市庙的记载。江户时代纪州的藩祖十分信仰徐市，他曾向速玉大社敬献了一副《徐市来熊（野）图》，还特别指示建造徐市墓。这种作法一直为历代藩主所继承，如后来的藩主还建有徐市表彰碑等，碑文约770 字。

京都府与谢郡伊根町

该地传说徐市在此登陆并引导当地人从事生产，被推为邑长，为当地人所敬仰，死后被封为开拓之神。祭祀徐市的神社具有 1000 年以上的历史，人们一直把他作为海上安全和渔业之神，同时还把他作为治病救难之神。最值得注意的是该神社的正东有两个岛，叫冠(衣)沓(鞋)岛，传说徐市由此成仙而去，遗下了衣服和鞋子。

佐贺县

江户后期的学者赖山阳曾经站在佐贺眺望西海，吟诗道："是云、是山、是吴还是越⋯⋯"此地与中国江南隔海相对，仅 380 海里。唐代大中元年六月二十二日，著名航海家张支信仅用 3 天的时间就完成了这个航程。当然，当年的徐市却不是走了这条航线，那时也不具备这个条件。他更有可能是沿山东半岛沿海转行，这样才符合一点实际情况。佐贺诸富町的两个神社都祭祀徐市，两个地方都赞颂徐市家耕与养蚕，以及医药之德，每 50 年举行一次盛大的祭祀活动。此地金立山脚下的遗址，仅弥生时代的遗址占地就有 3 公顷，而中后期的遗迹占 40 公顷。

鹿儿岛县串木野市

这个地区的徐市传说中有一个根深蒂固的观点，认为这里断定的徐市登陆地为浮杯。这里至今竖着一根标柱，上写"徐市登陆地点"。传说徐市登陆后暂住附近的冠山，并随即举行了封禅仪式。徐市在仪式后把自己的玉冠留在了山上，所以此山得到了这样一个名字。后来他离开此山，来到紫尾山，在山峰上摆满了紫色的带子，紫尾山因此得名。后来串木野市为了报答徐市之恩，在衣冠山上建造了中国式的庭院。另一方面，冠山的熊野权现是素盏鸣尊，他是从中国东部沿海渡到日本的东夷英雄人物，已无争议。

富士北麓

江户时代的《富士山北口记》中这样记述："徐市一行在巡视熊野以后，到达尾张的热田，从此开始走遍各州，最后在富士山麓定居。"也正因为徐市一行是乘船而来，所以从熊野到富士山一带的太平洋沿岸都有徐市传说。富士山北麓离海有 20 千米，必有其他登陆地点，可测的有静冈县清水市三保松原一带。北麓的羽田是个大姓，仅富吉市就有 400 家。近郊的一些部落，羽田姓占了一半以上。更令人吃惊的是，在这些姓羽田的人中，有人还拥有徐市一行带来的印章。吉田市每年都举行徐市祭祀活动。

......

此文不觉中已长，且让我以一首古歌来做结吧。

这是宋代文学家欧阳修和司马光的文集中都载有的一首著名歌谣，名曰《日本刀歌》，歌云：

传闻其国居大岛，
土壤沃饶风俗好。
其先徐福诈秦民，
采药淹留北童老。
百工五种与之居，
至今器玩皆精巧。
......

海防不固，江山不稳

秦伯益

秦伯益简介

　　1932 年 11 月生，江苏无锡市人。1955 年毕业于上海第一医学院医疗系。1959 年获苏联医学副博士学位。军事医学科学院原院长、少将、研究员、博士生导师。中国共产党十二大代表，第七届全国人民代表大会代表。中国工程院医药卫生学部首届院士。主要从事神经精神药理学研究，曾获国家科技进步奖二等奖 2 项、国家发明奖二等奖 1 项、军队科技进步奖一二等奖 3 项。主编有《新药评价概论》，著有《漫说科教》、《美兮　九州景》、《壮哉　中华魂》。1998 年荣获总后勤部科学技术"一代名师"称号。

海防不固　江山不稳

各位专家，各位老师，各位同学：

我本人的专业是药理学，在军事医学方面主攻方向也是药理学，跟海洋不沾边。但我最近10年以来，尤其是退休以来，我的生活定位在8个字"游山玩水，高谈阔论"上。结合海洋，我就把我的"游山玩水"里面的一些景观，集中于一些近代以来中国受列强欺负在海岸线上的令人感到屈辱、感到心痛的遗址。

所以我的题目是"海防不固，江山不稳"。

我首先给大家列出了一个列强侵华百年大事记，我们重新回顾一下这段屈辱的历史。

1840～1842年中英鸦片战争

1858～1860年沙俄入侵

1883～1885年中法战争

1891～1895年中日甲午战争

1900～1901年八国联军入侵中国

1904～1905年日俄战争在中国进行

1931～1937年日本入侵东北

1937～1945年日本全面侵华

1950年至今，美国第七舰队仍然威胁着台湾海峡。

鸦片战争，现在最完整地反映整个过程的，是在广东东莞海战博物馆，里面还遗留着林则徐当年销毁鸦片的销烟池。

鸦片战争之后是沙俄入侵，在吉林珲春防川镇，有一个"一眼望三国"：大桥以南是中国，大桥东北是朝鲜，大桥西北是俄罗斯，再往远处就是日本海。原来的版图不是这样的，原来都是中国的。这块地方是非常耻辱的、一个不能忘记的地方，这是光绪皇帝当年在这里被迫立下的"土字牌",承认了这块地方被俄罗斯划去了。这一点土地,一共才十几千米,俄罗斯就是不让。吉林从此没有了出海口,最近才经过转运的方式允许我们出海。

讲了英国的,讲了俄国的,法国大家想得比较少一些。其实,法国对中国的侵略,从广西到广东,一路下来也不少。广西的凭祥镇有一个"万人坟"。

最值得观看和留念的就是广东湛江的"寸金桥"。面对法国人的侵略,湛江人民坚决反抗,后来就用寸土寸金来赞扬湛江人民。郭沫若到了那里以后,写了一首诗,两句话令我印象非常深:"千家炮火千家劫,一寸河山一寸金。"

➤马江战役战士埋骨之处

福建,法国侵略福建了,上面封锁消息,下面不知道,法国突然攻击,军队自发起来抗击,牺牲了很多人,这里就是马江战役战士埋骨的地方。

甲午战争,也是中国的腐败在世界暴露无疑的一次战争,发生在威海的刘公岛。这是当年的海军公署,这是当年在旗顶山上的炮台,立了一个海军忠魂碑为了纪念甲午战争牺牲的人。

这是甲午战争以后在旅顺建的"万忠墓"。

最令中国屈辱的是日俄两个国家打仗,最后却拿中国的土地去给另一国,这就是日本

➤万忠墓

海防不固 江山不稳

秦伯益

和俄国之间的日俄战争。

日本对华侵略战争，杀我同胞3500万人，直接经济损失1000亿美元，间接经济损失6000亿美元（这个数据是2007年公布的数据），掠夺矿产资源、奸淫烧杀、细菌战试验、种植和倾销毒品、强迫劳役、强抓慰安妇、化学战试验、奴化教育等等，因此，在华国际友人说："日本军队是世界上最野蛮的军队。"

哪里有压迫，哪里就有反抗。鸦片战争中，林则徐、关天培在广东，邓廷桢在福建，曾多次打击英国的进犯。林则徐连打七次胜仗，说"民心可用"。中法战争中冯子材获镇南关大捷，广东湛江人民以"寸土寸金"的精神抗击法军。福建马江战役军民坚决抗击法军。中国近代史上屡屡战败，不是败在贫弱，而是败在朝廷腐败，朝廷腐败的原因是封建专制制度的落后，而制度落后的原因是文化落后。梁启超说："一种文化滋养一种制度，制度又促进文化。"中国和日本两个国家的区别，关键在19世纪末叶，日本明治维新的成功。我们不主张全盘西化，但也不必害怕西化，道理很简单：该化的自然会化，不该化的自然不会化。我们的服装文化全部西化了，从中央领导到老百姓，都是西装革履，有什么不好？可是我们的饮食文化"化"了吗？没有化，还是喜欢吃中餐。偶尔吃个西餐，有意思，吃两三天就腻了。王蒙先生说过："我们有唐诗宋词，有中餐，就化不了。"唐诗宋词是精神文化，中餐是物质文化。

海防，中国的前线将领老早就意识到海防的重要性。明朝的戚继光、俞大猷上书朝廷，为打击倭寇应该建立专门的海军，不让倭寇登陆，朝廷未允。清朝林则徐、魏源绘制《海国图志》，放眼看世界，建议加强海防，清廷未予受理。新中国成立后，毛泽东题词："为了反对帝国主义的侵略，我们一定要建立强大的海军！"现在，我国海军日益强大，但南海仍时有争端，美国第七舰队仍驻守在太平洋，注视着远东地区，影响着国家的统一。

最后，愿我们永远不忘古训：国虽大，好战必亡；天下虽安，忘战必危。

谢谢。

对话

学生：刚才秦伯益老前辈说我们不用担心文化被西化，但是我还是有点担心。从文化本身来说，从武术来说，日本的空手道，它的祖宗也是我们国家的；从绘画艺术方面来讲，毕加索曾说："如果我生在中国，我一定不是个画家，我是个书法家。"这证明中国文化是很优秀的。但是近年来，从我们90一代，受日韩文化的影响，很多人效仿明星，男生根本不像男生。虽然我说得有点极端，确实如此。请问秦伯益老前辈，对我们这一代有什么看法？

秦伯益：你的问题很好，从总体上来看，我不相信中国的文化会被西化，但是在局部的地方确实受到西方不健康的文化影响，但更重要的是西方一些先进的文化我们也要学习。任何一个民族，文化里面都有精华和糟粕。你刚才举了一些例子，比如我们的绘画、书法，确实有我们的实力。现在我们有更多在这些方面的年轻同志不去学习了，我想这是在选择过程中难以避免的。传承下来必然会发展。刚才谈到汉服的问题，这个服装适宜当时的生产和生活发展以及战争的需要。我们现在穿西装，这也是我们面临的选择。我们刚才举了中央领导人的例子，但绝不是中央领导人倡导大家必须穿西装。暂时的目前的文化上的混乱，我认为最终会回归到本质。当然，这个问题不是一天两天一年两年所造成的，但是我相信，早晚会理顺，和西方优秀的文化重新融合起来，形成大中华的文化。

　　谢谢。

从郑和七下西洋　反思中国的海洋文化与海洋科技

麦康森

麦康森简介

　　1958 年 10 月生，广东化州人，水产动物营养与饲料专家。1995 年获爱尔兰国立大学动物学博士学位。曾任中国海洋大学副校长、教育部"长江学者奖励计划"特聘教授。一直从事水产动物营养与饲料的教学和研发工作。发表学术论文 200 余篇，著作 7 部，获授权国家发明专利 28 项。培养研究生 100 多名。主持完成的科研成果获得教育部自然科学一等奖、科技进步一等奖各 1 项，国家科技进步二等奖 1 项。参与组织了国家高技术海洋领域、国家攻关与支撑计划水产领域"十五——十二五"研究发展计划的制订和实施。2009 年当选中国工程院院士。

反思是痛苦的，也是需要勇气的。具有良好的反思能力是一个人乃至一个民族成熟的标志之一。非常感谢组委会给我这个反思的机会。反思会令人紧张，所以我把我漂亮的外套脱掉，不得不露出我并不健壮的身影。令我紧张的原因有两点：我们要谈文化问题，要在那么多文化大家面前展示我是多么没有文化，当然紧张。

　　要谈海洋经济和海洋文化，令我们中国人最自豪的，不能不谈600年前郑和下西洋的辉煌。明永乐三年（1405）至宣德八年（1433），郑和受朝廷之命，率巨船240余艘、27000余众，浩浩荡荡，穿马六甲，跨印度洋，达红海和非洲东岸，七出七归，历时28载，可谓前无古人、后无来者！据英国历史学家李约瑟估计，在1420年间中国明朝拥有的全部船舶不少于3800艘，超过当时欧洲船只的总和。英国海洋历史学家Menzies的《1421中国发现世界》认为，郑和先于哥伦布发现了美洲和澳大利亚大陆！所以，我们中国人都感到非常自豪。

　　但是，400年以后，（刚才秦院士提到的）鸦片战争、甲午战争是中国的尴尬，更是奇耻大辱。现在，我们胡总书记明确指出"中国目前的主要危险仍然来自于海洋"。

　　我经常思考：郑和下西洋给我们留下了什么东西？文化还是技术？我们从辉煌到尴尬，如此之显著的变化，不能不反思中国的海洋文化问题。我国近代思想家梁启超在他的《祖国大航海家郑和传》（1904）中感叹道："及观郑君，则全世界历史上航海伟人，能比肩者何其寡也？……则哥伦布以后，有无量数之哥伦布，维嘉·达·哥马以后，有无量数之维嘉·达·哥马，而我则郑和之后，竟无第二之郑和。"余秋雨认为，中华文明还

是农耕文明，尽管有很长的海岸线，她的子民也下海打鱼、晒盐，这并不代表海洋文化，最多只是对农耕文明饮食上的补充而已。

刚才秦先生也提到"望海楼"。中国有不少"望海楼"，站在"望海楼"上可以有一些叹息，叹我中华民族一度缺少海洋意识，叹我中华民族从来不乏大海之子，代代相续"下南洋"。但是，"下海"实在迫不得已。中国人本喜欢安居乐业、脚踏实地，不愿颠沛流离，也不愿飘摇不定；只因生计所迫，"走西口"，"闯关东"，"下南洋"，包括二万五千里长征，都是为了绝处逢生，辉煌里有多少牺牲(叶小文，2011)？叶小文先生这篇文章，道出了我们利用海洋中的许多无奈。

纵观中国历史，没有哪个朝代真正发掘过海洋文化的魅力，对海上文明向来是陌生的。

唐朝的丝绸之路，只是陆上辉煌。宋朝，渔民知道海的彼岸是东瀛，也不成气候。元朝，曾经鼓励出海，但是没有章法，朝代时间太短。明朝虽然发生了令我们骄傲了几百年的郑和下西洋，但是这个朝代的禁海令还是非常严格的。28年的官方下西洋，但对民间还是禁止的。清朝从《禁海令》到《迁海令》，更加严苛(经济上孤立郑成功)。

黑格尔的《历史哲学》中提到：尽管中国靠海，尽管中国古代有过发达的远航，但是中国没有分享海洋所赋予的文明，海洋没有影响他们的文化。在中国，海洋只是陆地的中断、陆地的天限，他们不和海洋发生积极的关系；或者说，中国曾经有过海洋文明，但是有意无意地被淹没了。

中国的"河姆渡海洋文明"只是"仰韶黄土文明"的配角，

"妈祖文化"对"儒家文化"来说，连个配角也当不上！

2009～2010年，澳大利亚16岁女孩历时210天完成全球独航。令我们印象深刻的不是环球航行，而是陆克文总理亲自迎接她。而2007～2008年历时两年完成"中国人首次单人无动力帆船环球航海"的翟墨，又有几个中国人知晓？刚才毕淑敏老师说海洋大学有6位同学和1位老师进行环球航行。很抱歉，我也不知道，所以，中国对海洋的宣传还是远远不够的。

2000年，范春歌女士只身重走郑和路。我细读她所著的《被遗忘的航行》发现，除泰国、马来西亚、印尼外，其他各地并无郑和下西洋的任何历史记载或蛛丝马迹，而见到的都是西方航海家的历史记录、碑文、坟墓……当范春歌在南非被留学生问及国内有无郑和博物馆、有无仿造郑和的海船时，她说："我心里隐隐难受，原因是没有。"

中国的历史是黄土文明、农耕文明的历史。稍加注意的话，就会发现，航海家极少被立传，拥有此殊荣的大概只有郑和一人，而王大渊、王景弘、马欢、巩珍、费信等对于扩展中国航海事业、传播中华文化有着重要贡献的名字，早已消失在主流的文化视野之中。

2009年"国家重大历史题材美术创作工程"中，竟然没有一幅美术作品是表现海洋的，暴露出海洋文化的薄弱（《人民日报（海外版）》 2010.07.27 郑娜）。

余秋雨先生，认为"海洋文化是需要彼岸的，它是一种文化与另一种不熟悉的文化相互交流的文明"。600年来，我们只知道郑和下西洋，但是，下西洋的目的是什么？他真的是寻找彼岸吗？所以，郑和庞大的船队进行如此繁重的远行，目的是

什么，至今还是一个不解的谜。人们有各种各样猜测：明成祖朱棣追杀政敌建文帝；打击盘踞东南诸岛的华商势力，垄断朝贡贸易；修复与东南亚、南亚诸国的关系，宣扬国威；搜寻海外"奇珍异宝"；安排"下岗"的海运军士；探寻到麦加朝圣的海路；郑和自身的目的——宣传伊斯兰教，提高宫中太监的地位；联印抗蒙；武力征服东南亚；实现海内外大一统的伟大和平实践（"静海"），建立和谐的国际社会秩序，……凡此种种，不一而足，都缺乏令人信服的证据。我无法想象，一个靠血腥手段夺取政权的暴君如何能产生建立和谐国际社会的伟大构想。

下面这个解释比较容易接受。明成祖朱棣的最重要的目的是通过大搞国家形象工程，使血腥杀戮取得的政权披上合法性外衣！中国历史上最宏大的六大形象工程都在明朝：北京故宫、长城、运河、南京大报恩寺、郑和下西洋和永乐大典；对外北征蒙古，实现四夷宾服，同时，"郑和航海"南行则实现了万国来朝，显示了对外关系的和谐，以博得国际社会承认政权的合法性。在整个郑和下西洋过程中，既没有领土的要求，也尽可能避免战争。更直接的证据是，大搞形象工程导致财政亏空，促使经济危机爆发。从1405年到1421年，仅仅16年间，明朝物价飞涨了300多倍。所谓搜寻海外"奇珍异宝"，只不过是郑和下西洋的副产品而已，如同现在的普通旅游者。

中国的航海活动是典型的大陆思维指导海上行为，它并没有创造中华民族的海洋文化。我们如果给孩子们出一道题：我国的四合院—土楼—故宫—长城，它们有什么共同点？他们都能答出：封闭！一个自我封闭的文化特征。我们一直说我国有

960万平方千米的国土，怎么总是忘记了300万平方千米的海洋国土？

还有一个问题是谁毁了郑和下西洋的资料？虽然有很多猜测，但是终究没有答案。600年前那么伟大的远航，竟然没有留下任何有价值的科学资料！当然，郑和下西洋根本就没有多少科考性质，这是我国海洋科技意识薄弱的一个具体体现。从转抄的《瀛涯胜览》、《星槎胜览》及《西洋番国志》等航海资料来看，虽然有些科学价值，但是更多属于游记性质，风土人情、奇闻轶事居多。与我们形成鲜明对比的是，达尔文的《航海日记》催生了《物种起源》及《达尔文进化论》巨著和伟大科学理论的横空出世！

我们感激英国历史学家李约瑟写了《中国科技史》，英国海洋历史学家Menzies写了《1421中国发现世界》……我们需要反思：为什么中国的辉煌历史总由别人给我们总结？

综上所述，我们应该认识到我国从历史上就缺乏海洋文化，更缺乏海洋国土意识与海洋科技意识。今天，我们应当深刻地认识到：中华民族的伟大复兴，海洋意识必须觉醒！党的十六大提出"实施海洋开发"，党的十七大提出"发展海洋产业"，国家十二五规划提出了"制定和实施海洋战略"。今年7月26日，"蛟龙"号突破5000米，8月10日中国航母平台试航，这些都使中国人的海洋意识觉醒了。觉醒了，就别再沉迷于昔日的辉煌！醒来了，就要反思我们的海洋文化、海洋国土意识与海洋科技的落后。

对海洋资源利用，最重要的一个指标就是对深海资源勘探与利用的能力。就拿深潜器做一个例子。1960年美国的"里雅

斯特"号是11000米，1985年法国的"鹦鹉螺"**号**是6000米，1987年俄罗斯的"和平"号是6000米，1989年日本是6500米，2011年中国是5000米。在海洋油气勘探与开发、海底管道铺设的深度方面，我们与海洋发达国家相比还差6～7倍的深度。我们要充分认识到在利用深海资源能力上的落后状况。

当我们的宇宙飞船上天时，当我们坐上高铁时，当我们的航空母舰试水时，我们经常会搜肠刮肚地表达我们的自豪感，都会用那么一句老话"我们用十多年的时间走完了发达国家上百年所走过的路"来激励自己。但是要知道，那毕竟是他人很久以前就走过的老路。请忘掉自欺欺人的老话吧，只有创新才有出路！

此外，我们必须反思一下儒家文化对现代外交政策的适用性。刚才秦先生谈了数百年来的屈辱史，到底跟我们儒家文化有没有关系？"和为贵"是对的，但那是目标，不是手段。"韬光养晦"同样是手段，而不是目标。

谢谢大家。

　　学生：想向尊敬的麦康森老师提个问题。站在大学生的角度上，怎么协调好农耕文明和海洋文明的关系？我们应该向哪个方向发展？

　　麦康森：我觉得你这个问题最不该问我，因为我一站起来就说"所有专家中最没有文化的就是我"。农耕文明、游牧文明、海洋文明是一个发展过程。海洋文明是一个更开放的文明。我想中国要发展，要站在全球的高度为中国社会也好、为世界社会也好，必须反思原来我们薄弱的海洋文化。我们建设、强化海洋文化，才会使国家更加富强。我想，这不单单是国防的需要、国家安全的需要、对海洋资源的需要，作为一个大国，只有具有全球视野，才能够负起大国的责任。要具有全球的视野，就必须在农耕文明的基础上继续建立和丰富我们的海洋文化。

21 世纪，建设
一个人海和谐的文明海洋

管华诗

管华诗简介

　　1939 年生于山东省夏津县。中国工程院院士,水产品加工、海洋生物及海洋生物工程制品专家,曾任中国海洋大学校长,国家海洋药物工程技术研究中心主任,兼任国家重点基础研究发展规划专家顾问组成员、国务院学位委员会学科评议组成员。20 世纪 60 年代参加完成了"海带提碘新工艺规模生产"工程,为我国海带提碘工艺奠定了基础。70 年代主持完成"海带提碘联产品-褐藻胶、甘露醇再利用"重大研究课题,研制成功"农业乳化剂"等 4 个新产品并相继投产,为我国制碘工业的巩固和发展做出了突出贡献。80 年代首创我国第一个海洋药物-PSS(西药),获得巨大的经济效益和社会效益,带动了我国海洋药物研究的兴起与发展。90 年代又发明研制了甘糖酯、海力特和降糖宁散等 3 个海洋新药和藻维胶囊等 5 个系列的功能食品,且全部投产。共获 13 项发明专利。长期从事海洋生物资源高值化利用及海洋药物的教学科研工作,是我国海洋药物学的开拓者和学术带头人之一。

海洋是地球上，广阔而连续的水体的总称。从另外一个角度讲，海洋也是一个具有巨大时空尺度的由物理、化学、生物、地质过程耦合在一起的复杂开放系统。海洋占地球面积的71%，它的平均深度是3800米，储蓄了地球表面97.2%的水，提供了一个比陆地大300倍的生命生存空间。

海洋是一个连续的整体；相对陆地来说，它又是一个相对稳定的系统。它的整体性、区域性、开放性构成了海洋生态系统的基本特征。海洋是一个生物多样性的世界。

一、海洋的贡献

1．海洋——生命的摇篮

海洋为初期脆弱的生命提供了温暖、舒适、稳定的生成环境，它促进了生命的诞生，并为生物进化提供了场所，所以海洋首先是生命的摇篮。

众所周知，地球的历史约有46亿年。从地球上无生命的物质到生命的转化是一个极为缓慢的化学进化过程。大约在35亿年前，在原始海洋中，产生了原始生命，从而揭开了地球历史发展的新纪元，进入了生物历史发展的新时期。

在此后30亿年的时间里，生命始终局限在海水中。没有海水的保护，原始生命难于避免强烈的太阳紫外线的伤害。因此，生命是在水中发展的。

在距今6亿年前，绿色植物在海洋中占优势，生物开始对地球自然环境的发展产生重大影响。绿色植物通过光合作用使大气中氧的含量增加，改变了大气的成分，使原始生物由厌氧生物发展到喜氧生物，逐渐形成生物圈；游离氧的积累又逐渐形成大气中的臭氧层，保护了将要在陆地上诞生的一些生命。有机体的发展增加了太阳能在地球表面的储存，改变了地球表层的结构。更为重要的是，绿色植物的出现为生物登陆创造了前提条件。

4 亿年前，绿色植物登上陆地，使生物从海洋发展到陆地。从此，陆地上出现了生物的大发展，进而发展成为完整的地球生物圈。至今，100 多万种动物和 30 多万种植物组成了丰富多彩的生物世界，使地球的自然环境出现了大的变化。

生物圈形成后，整个地球仍在发展变化着。到大约 300 万年前，作为高等动物人类的出现，开辟了地球发展演化的新阶段，这是影响地球自然环境的重大飞跃。

2．海洋——风雨的故乡

海洋是人类生命支撑体系的基本组成部分，是人类生存环境的巨大调节器。

海洋为大气提供 70%的氧，吸收的二氧化碳为大气容量的 60 倍。海洋能吸收 30%的人类二氧化碳的排放量，是地球大气系统中二氧化碳的最大汇；海洋吸收的太阳辐射量约占进入地球总辐射量的 70%。如果没有海洋，地球将是红色的而不是蓝色的；海洋有极大的热容量；大气中的水汽含量对气候变化产生重大影响，而大气中水汽量的 86%由海洋供给，尤其是低纬度的海洋；海洋每年因蒸发失去的水量为 44 亿吨，由于蒸发，海洋每年平均下降 124～126 厘米。

3．海洋——人类社会经济健康持续发展的资源宝库

海洋资源系指在海洋地理区域内，在现在和可以预见的未来，人类可以利用并能产生经济价值，带给人类福祉的物质、能源与空间。

从海洋资源的自然属性出发，海洋资源可分为生物资源、矿物资源、海水资源、海洋能源、空间资源。

（1）生物资源：据 2000～2010 年执行的国际海洋生物普查

计划调查结果显示，海洋世界比想象中的更为精彩。对海洋生物"查户口"的结果表明，海洋生物物种可能约有 100 万种，其中 25 万种是人类已知的物种，其他 75 万种人类还知之甚少。

海洋具有突出的提供食物的能力，每年约生产 1350 亿吨有机碳，在不破坏生态平衡的情况下，每年转换 30 亿水产品，可供捕捞的有 2 亿吨！海洋为人类提供了近 1/4 的高级蛋白；人们从海洋生物中发现了 2 万余个化合物，其中 1/2 有生理活性，来自海洋的 5 种海洋药物形成了海洋制药业的代表。

(2)海水资源：海洋储存了占地球表面 97.2%的水(有 13.7 亿立方千米)。海水中有 80 余种元素，含有地球 90%以上的溴、镁，有 4 亿亿吨食盐、45 亿吨铀、500 万吨金等。量之大，可由一例足见之。有人计算过，如将海水蒸干得到的 NaCl 铺在地球陆地表面，其高度可达 150 米。目前世界海盐产量 4 千万吨(仅相当于 2 立方千米的海水中的含盐量)。

(3)矿产资源：世界海洋石油蕴藏量为 1000 多亿吨(1350 亿吨)，目前探明储量为 200 亿吨；海洋天然气储量约 140 亿吨，目前探明储量约 80 亿吨；大洋多金属结核总储量为 3 万亿吨，其中锰 4 千万吨、镍 146 亿吨、钴 98 亿吨、铜 88 亿吨，可供人类开采 2 万年。

(4)海洋能源：海洋能源是无污染能源，人们称为"冷源"，有储量大、能量高、污染少和可再生优点。

(5)空间资源：浩瀚的海洋空间资源正引起人们越来越大的兴趣。占地球表面 71%的海洋连通的水体将世界沿岸国家连接在一起，使其成为邻居。因此，在利用海洋数千年的历史中，以前对海洋空间资源的利用主要是交通运输，海洋成了沿岸各国交流、贸易的场所。(世界外贸海运量约占外贸总运量的 82%，周转量约占 92%。)20 世纪 60 年代后，开始将海洋变成了生活与生产活动的空间。在海上建人工岛、海上城市、海上工厂，不少国家建造了各种旅游和娱乐设施、海上宾馆、海底公园、甚至海底军事基地、贮藏及倾废设施等。

因此，海洋的确是人类社会得以持续健康发展的保障。海洋资源有几个共同特点：再生性，共有性，时空变动性，交叉性、共生性和获取的艰巨性。

二、海洋的烦恼

21 世纪，人类进入开发利用海洋的新时代。在对海洋知之不多甚至甚少的背景下，人们仍以获取最大利益为最高价值的陆地开发思维，对人类生存的第二空间——海洋展开了激烈的争夺，对其资源进行着掠夺性的开发，海洋正在经受着人类的摧残。这主要表现在以下几方面。

第一，"海洋资源的大发现"以及人类对海洋空间的需求，引发了"蓝色圈地运动"，加之 1982 年通过的"联合国海洋公约"的推动，各沿岸对其管辖的海区都采取寸海不让的态度，有甚者对有争议的海域采取先下手为强的做法，围绕着海洋国土的海洋权益问题，各式各样的海洋边界争端增多，由此带来不断的海事案件，造成了人与人、国与国间的紧张关系。另外，对占海洋面积 64% 的公海所属公有资源，各国都虎视眈眈。

第二，海洋被严重污染，生态环境遭到致命的破坏，生物多样性下降，珍贵稀有品种濒于灭绝，蓝色海洋暗藏危机。请看以下数据：

(1)全世界每年产生的有毒有害化学废物达 3 亿～4 亿吨，其中危害最大的是持久有机污染物。

(2)以我国为例，请看污染物的排放(表一)。

表一　中国主要污染物及海洋环境状况（2008～2010 年）

项目　　　时间	2008 年	2009 年	2010 年
化学需氧量	1320.7 万吨	1277.5 万吨	1238.1 万吨
二氧化碳	2321.2 万吨	2214.4 万吨	2185.1 万吨
近岸海域水质			
一、二类海水	70.4%	72.9%	62.7%
三、类海水	11.3%	6.0%	14.1%
四类海水	18.3%	21.1%	23.2%

注：化学需氧量：水体中易被强氧化剂氧化的还原性物质所消耗氧化剂折算成氧的量。

(3)世界上陆源污染的 70%~80%最终排到海洋。(全球氮肥使用量大约为 8300 万吨/年，硫肥使用量大约为 1400 万吨/年。)

(4)每年有 3000 万～5000 万吨未经处理或部分处理的生活污水排入海中。

(5)近海每年接纳 5 亿～6 亿立方米的建筑垃圾。

(6)全世界因船舶事故进入海水的石油估计每年有 50 万吨，因海底油田开发和井喷进入海水石油达 100 万吨。

第三，湿地——地球之肾，海洋净化的天然屏障，破坏严重，导致海洋自净力下降，其结果是海洋环境污染加重、生态系统退化、海洋灾害日趋频繁。

湿地是自然界最富生物多样性和生态功能最高的生态系统，是人类最重要的生存环境。湿地在抵御与调节洪水、控制污染和降解污染物方面具有不可替代的作用，被喻为"地球之肾"。

一般认为，全球湿地面积为 700 万～900 万平方千米，占

地球面积的 4%～6%。中国湿地面积约 65 万平方千米，占全球湿地面积的 10%，其中滨海湿地占湿地总面积的 15.4%。

迄今为止，全世界滨海湿地 50% 已消失；7500 平方千米的红树林(全球共有 24 万平方千米红树林湿地)遭破坏或退化，58% 珊瑚礁(全球有 60 万平方千米珊瑚礁)面临人类活动的潜在威胁。

填海开发是破坏湿地的主要途径。以我国为例，我们每年填海造地确权面积从 2002 年的 20 平方千米增加到 2010 年的 136 平方千米。2002～2010 年总确权面积达 874 平方千米。据不完全统计，在过去 10 年中，我们大陆沿海 500 平方米以上的海岛已消失了 460 个，超过 50% 大陆海岸线已经人工化。

第四，地球变暖海水升温，海洋食物链将收缩。

在过去的一个世纪里，全球表面平均温度上升了 $0.3～0.6℃$，海平面上升了 10～25 厘米。

目前地球中的二氧化碳浓度已由工业革命(1975 年)之前的 $280×10^{-6}$，增加到了近 $360×10^{-6}$。如果世界能源消费的格局不发生根本变化，到 21 世纪中叶，大气中的二氧化碳浓度将达到 $560×10^{-6}$，全球平均温度可能上升 $1.5～4℃$。

科学家研究发现，即使海水水温小幅度的升高也会扼杀某些海洋微生物的光合作用，破坏海洋的初级生产力。充斥整个海洋的微生物，位于整个海洋食物链的末端。这些微小生物每年从地球中吸收多达 500 亿吨的二氧化碳，这几乎相当于陆地上所有植物在光合作用中吸收的二氧化碳的总和。因此，海洋中的微生物的存在是控制大气中二氧化碳的关键。

另外，有研究显示，全球平均海面上升 1℃，会对全球珊瑚礁生态系统造成全面破坏。

第五，过度捕捞破坏了渔业资源增殖规律。1993 年全世界捕捞 1.01 亿吨，其中 77%来自海洋。当年粮农组织估计，2/3以上的海洋鱼类因过度捕捞已经濒临灭绝；另有 44%的鱼类的捕捞已达到生物生存极限。

值得提出的是海洋这些潜在的危机，80%来自陆上的人类活动！

三、海洋的期盼：建设一个人海和谐的文明海洋

海洋这个地球上的自然体，它对人类的贡献以及目前潜在的危机为大家所公认。当前，人类应如何开发和利用海洋已成为包括我国在内的世界各国共同关注的话题。

大家知道，在农业文明时期，海洋的作用长期局限于"通舟楫之便，兴渔盐之利"，人们对海洋的认识极大地受到以农为本思想的束缚，主要表现为"以海为田"的农业海洋观。15 世纪到 18 世纪，以"地理大发现"为重要标志的大航海时代使人们对海洋的认识产生了飞跃，海洋成了连接世界各国的媒介，从而也成为资本主义向外殖民扩张、积累原始资本的主要途径。"谁控制了海洋就意味着控制了世界的财富"，海洋成了决定一个国家民族兴衰存亡的关键因素。这种认识潜移默化地改变了人们的整体意识。人们惊异地感受到，大航海时代的海洋对人类社会进入工业文明起了重要促进作用。20 世纪中叶，"海洋资源的大发现"又使人们认识到，海洋不仅是连接世界各国的伟大通道，而且还是人类社会持续健康发展的资源宝库。这一发现极大地促进了沿岸各国海洋经济的发展和海洋开发热潮的

形成。到本世纪之初，环境污染、资源短缺、人口膨胀——人类面临的三大问题有增无减。在此背景下，加之信息技术、生物技术等高技术的长足进步，人们又逐渐意识到海洋不但是个资源宝库，还是人类政治、经济、社会与文化发展的广阔空间，于是人们提出"海洋是人类生存发展的第二空间"的概念。

"海洋是人类生存发展的第二空间"的概念，意味着在向海洋发展过程中，要以海洋为基点来设计人类开展活动的模式、行为方式及交往方式，亦即从海洋而非从陆地的角度来安排这个家园建设。海洋关系到人类的生死存亡，人们的海洋观产生了质的飞跃。

"海洋是人类生存发展的第二空间"的认识，要求人们必须树立牢固的现代海洋价值观，即海洋国土观。海洋是资源宝库，是人类生存环境的调节器，是全球的通道，是国家安全的前沿。因此，爱护海洋、保护海洋是全人类的共同使命。

"海洋是人类生存发展的第二空间"的认识，要求人们必须按照海洋的思维方式来设计人类开展活动的模式。海洋的思维方式意味着开放、有序、沟通和交流。但是，东西方两种文化的差异影响着世人对海洋价值的理解，也阻碍着人们按照海洋的思维方式来建设人类家园的实践活动。因此，建设理想家园任重道远。

人类对海洋认识的加深，或海洋在促进人类文明社会发展功能的彰显，无疑得益于科技的长足进步和由它带来的经济快速发展。正像上届论坛中赵长天先生所论述的那样，"科学技术是把双刃剑"，它既给人类创造财富、带来幸福、也会给人类带来影响深远的负面效应。现在的海洋正在承受着这种如上所述的负面效应所形成的破坏力的冲击，而这种破坏造成的后果是现代的科学技术本身难以修复的。从事海洋实践活动的所有人，模糊但又真实地感觉到，在向海洋全面进军的当前，迫切需要一种力量的支持、一种智力的支持。这种力量就是人文科学的力量。

本来，科学与人文就是人类文明发展中两条并行不悖的主脉。两者从不同的角度关注世界，共同影响着人类文明的进程。历史的经验告诉我们，科学与人文只有相互融通、相互协调，才能起到共同推进社会进步的作用。在过去的一段历史时期内，人们对只贪婪地关注海洋的资源支撑作用，却忘却了对它的人文关怀！在海洋开发利用的实践中，在海洋经济蓬勃发展的过程中，过多地关注了科学技术的推动作用，缺失了海洋文化这一内在因素的引导！

在全面向海洋进军的 21 世纪，站在海洋的基点上，只有树立牢固的现代海洋价值观，利用海洋的思维方式来设计向海洋发展的行为方式，这样才能保证人们在开发利用海洋过程中的正确行为。

总之，在高新技术高速发展的今天，欲建设一个理想的人类生存第二空间——海洋，重要的是提高全人类的海洋意识。历史上，无论是以陆地服从海洋为文化底蕴的西方，还是以海洋服从陆地为文化底蕴的东方中国，大家在新的背景下，必须重新审视海洋的价值，增强海洋意识，强化历史责任，规范实践行为，经过一番努力，海洋意识的升华之时，就是人海和谐的文明海洋到来之时。

谢谢大家！

21 世纪，建设一个人海和谐的文明海洋

对　话

学生：我对海洋比较感兴趣。我前天在石老人海水浴场跑步，边上有几处渔场，几艘机械渔船都毁坏了。我看了一下渔网，网眼非常小，甚至能捕上两三寸的小鱼。他们把网散开以后，渔民都在从成堆的垃圾中挑出小鱼来卖。我当时感到非常震惊，非常痛心，也非常无助。我想告诉他们这样捕捞不行，但他们不会听我的。想问一下管老师，就是我们300万平方千米海洋领土面积的开发出路到底在哪里？我们的大学生到底应该做什么？谢谢。

管华诗：世界粮农组织每年都有一个统计，统计的结果就是你说的现象——过度捕捞。过度捕捞放大的话就是技术进步给我们带来的负面效应，比如，现在就有办法在没有大鱼可捕的情况下捕到小鱼。关键问题在于管理。在管理的前提下，全国人民，包括领导、利益集团、学校，都应该增强一个全面的海洋意识，光有制度管理没有整体意识的提高也不行，因为他们有利益驱使。根本的措施在于提高全民的海洋意识。大学生特别是海大的学生，从现在开始应该全面了解海洋、学习海洋知识、宣传海洋知识。

生命健康和大海

王琦

王琦简介

1943 年 2 月生，江苏高邮人，现任北京中医药大学教授、博士生导师，国家级重点学科中医基础理论学科带头人、北京中医药大学学术委员会委员、中医体质与生殖医学研究中心主任，享受国务院特殊津贴的有突出贡献专家，国家人事部、卫生部、中医药管理局遴选的全国第二、三批五百名著名老中医之一。

在中国，或者更大地说在世界上，科学家跟文学家在一起开会，我没见过，你们见过没有？我没有见到过科学家和文学家在一个论坛上讨论"科学·人文·未来"的问题，这是海洋大学为大家做的一件非常有意义的事情。我们感谢海洋大学（掌声）。我们感谢王蒙先生和管华诗院士，这两位论坛的主席给我们提供了这样一个思路。

　　我的题目本来是"4P医学和个体化诊疗"，后来一说到海洋大学来讲，总得跟海洋有关，所以把题目改成"生命健康和大海"。

　　18年以前，我在马来西亚的一个海滨产生了一个新的人生感受，所以我就写下了"大海、风雨、日出、人生"。这里面讲到了沧海横流的气势，人在大海和风雨中的一种心灵的升华。

　　关于人类的生命起源，我们大家都知道人是从猿进化而来的，可是人究竟是从哪儿来的呢？从生物的进化来说，海洋是所有生命最初的发源地。可以看到，人在早期的时候，有一种腮鳞的印记，在我们胎儿身上还可以找到。

　　生命跟海洋有着密切的关系。海水是生命的培养液，人体细胞赖以生存的内环境组织间液电解质成分及微量元素与海水成分惊人地相似。等渗压的海水可以与动物血液进行物质交换。人体的内部是一个奇妙的"海洋"。人的胚胎发育到第3天时，所含的体液达到97%，与海洋中的水母所含的水一样多。

　　我们要说海洋就不能不说中医，在《黄帝内经》里面，就有许多以海洋认识人体、描述疾病的记载。我们知道，人有一个肺，肺朝百脉，亦犹如月潮大海一样。月球的引力及月亮的光照改变可影响人体十二经脉，在不同时间里发生相应的生理变化。潮汐现象在人体的生理学表现最为典型的是女子的月经。为什么叫"月经"呢？月月来，这种潮汐的现象也是生理现象的一种标志。

在《黄帝内经》里面有"天人相应"的观念。大自然是一个大宇宙，人体是一个小宇宙，宇宙的阴阳变化，各种生物的、生态的变化会影响到人体。所以，《黄帝内经》里讲，"故月满则海水西盛，人血气积。至其月郭空，则海水东盛，人气血虚"。大家知道，这个论述是在2500年前的时候就有的。

海洋在自然界里，可是中医的"海"在身体里。中医的书里面有脑海，就是髓海，脑为髓者，所有的髓体都跟大脑有关。而胃是"水谷之海"。在十二经脉里面，有气海、血海，这都是针灸常用的穴位。比如，气海穴的功用是益气助阳、调经固经，主治腹痛、泄泻、便秘、遗尿、疝气等。血海穴，跟血运有很大关系，就是脾经所生之血的聚集之处。针灸血海穴可治疗血瘀引起的面部色斑等。另一个是少海穴，理气通络，益心安神，降浊升清，常用于治疗瘰症。在中医经脉里面，有一条经脉——冲脉，又称"十二经之海"。"冲脉者为十二经之海，冲为血海"，"血海有余，则常想其身大"。

中医里面有这么多的"海"，其实，海洋潮汐的涨落跟疾病病理也有很大关系。人体出血性疾病在月亮满盈时易发作或加重，肺结核吐血、心脏病、中风都与月亮满盈有关。还有很多海洋疗法，海泥浴、海沙浴、日光浴都可以治疗痛风、三叉神经病等疾病。

在海洋中有很多传统的药物，比如说中医看高血压的时候，要开石决明；还有海人草、珍珠、牡蛎、乌贼骨等，都属于海洋药物。海洋新药的开发方面，大家知道有一个阿司匹林，我们骄傲地说还有第二个"阿司匹林"，就是PSS，是我们的管华诗院士研发出来的；另外，还有甘糖脂、海力特、降糖宁液等。

健康是人类追求的永恒主题。住在地球上的人们，不管什么国家，什么人种，什么民族，都有一个共同的愿望——健康长寿。

在健康的问题上，世界卫生组织给出了一个定义，健康是指一种躯体、精神和社会适应完整良好的状态。所以，同学们不仅要有健康的体魄，还要有健康的心理，心理素质是健康的重要方面。但世界卫生组织所提出的这个健康概念存在一定的问题，为此我对健康重新进行了定义：健康是指人的不同个体在生命过程中与其所处环境的身心和谐状态，及其表现的对自然及社会环境良好的自适应调节能力。不能用一种方法要求所有的人，还要强调每个人的自适应能力。要求不同的人和群体处于同一个状态是不妥当的。

21世纪的医学将从"疾病医学"向"健康医学"发展。对于医学的目的，我们只谈疾病而很少谈健康，结果是：今天这个病消失了，明天又出现一种新病；我们发明了很多药，但只有一部分疾病能通过药物完全治愈。因此，我们需要从"疾病医学"向"健康医学"转变。

从中医来讲，"健康医学"是从"治未病"入手。我们要健康，就要按照体质把人群进行分类，分成九种。我常说"亿万人群，人有九种，一种平和，八种偏颇"，然后给大家进行体质状态的辨识。你是气虚体质，是阳虚体质，还是其他什么体质，就可以有效地进行针对治疗。九种体质辨识和调治，是维护健康的一种方法。

世界上没有两片完全相同的树叶，世界上也没有两个完全相同的人。我们只有找到个体间存在的差异性，才能找到个体化的预防方法。

每个人都适合吃人参吗？陆地上补益的是人参，海洋里面补益的是海参。是不是每个人都应该吃人参或者是海参呢？人因个体差异性而有所不同，要找到不同人群的个性化养生方法。

研究体质问题就是要解决三个问题：体质可分、体病相关、体质可调。比如肥胖的病人。肥胖的病人是不是要减肥呢？根据九种体质分类，肥胖病人属于痰湿体质，痰湿体质的病人容易患高血压、糖尿病、代谢综合征，因此需要减肥。但是，有些肥胖的人并不是痰湿体质，不存在这些问题，就不需要减肥。这是我运用海洋药来进行减肥的病例，大概在 3 个月里减掉了6千克。

总结：海洋与生命有关，蕴含丰富的资源。海洋产业潜力巨大，有待开发利用。海洋潮汐涨落规律为科学研究提供了思路。海洋的文化久远而广阔，有待积极弘扬。我们在学术上要海纳百川，在心胸上要海阔天空，在生活上要福如东海。

对话

学生：我有两个问题请教一下王琦老师，我知道王琦老师是中医药学方面的专家，我们也知道"养生"这个主题已经越来越兴盛了。刚才您也提到了，现在从"疾病医学"开始向"健康医学"转变了。您觉得这是人们健康意识的普遍提高，还是由于现代医疗水平的进步呢？第二个问题是，"养生"这个问题是不是有它专门针对的群体呢？如果没有的话，当代大学生应该如何养生呢？谢谢。

王琦：其实，医学真正的目的不是看病，真正的目的是健康。过去长期以来把疾病与健康颠倒了。如果说医疗的目的就是治病的话，我们永远治不完。疾病医治越多，药品的副作用造成的危害就越大。比如，一个女孩是子宫的病，医生就给她开了雌性激素；雌性激素过剩了可能引发乳腺增生等其他的病，乳腺增生了又开乳腺增生的药……药永远开不完。其实，健康就在我们每个人的手中。我们大学生为什么要讲健康？健康不是老年人的事儿，健康要从年轻开始，从娃娃抓起，从精子和卵子抓起。你看我们的大学生年轻力壮，精神头多好，但是抑郁症、焦虑症在年轻人中有很多。心理健康是大学生健康的重要问题。要实现人生的目标、人生的理想，首先要有一个健康的心理。

谢谢大家。

学生：真的非常感谢各位专家精彩的演讲。毕淑敏阿姨，您的声音真的好有穿透力。我想问一下王琦先生，您一直说疾病的发展比医药要快，其实疾病都是人类自己造成的。比如，

生命健康和大海

王琦　125

几年来前闹得很凶的SARS，就是人们吃果子狸引起的。我现在想，我们是不是可以改变一下人类的观念，少吃一些药。那么努力研制药，花费那么多经费，还有很多副作用，还不如用那些研制药的钱宣传一下，让人们明白"药不是万能的"。现在很多人都吃药、打吊瓶，在中国很严重。

王琦：针对这个问题，我可以讲一个故事给大家听。我在美国的时候，遇到有个人嗓子疼，就给家庭医生打电话，说："我发烧39度。"医生说："你喝橙汁。"然后又打电话，医生又说："喝橙汁……"到了月底的时候，家里收到100美金的账单。这个人说："我又没有吃药，怎么还收费？"医生说："你给我打电话了吗？跟我说话了吗？我让你喝橙汁了吗？好了吗？"所以，这样也算治疗，也收费。

当疾病不可控制、需要医生治疗的时候，要选择合理的医疗措施。现在中国的医院到处挂吊瓶，其实有一部分是不需要的。胆囊发炎时如果轻易把胆囊摘了，肠癌患病率就会增高。所以在选择医疗措施时要慎重。

谢谢大家。

中国海关和一个英国人

赵长天

赵长天简介

生于 1947 年，浙江宁波人。现任上海市文联副主席，中国作家协会全国委员会委员，上海市写作学会会长，华东师范大学兼职教授，《萌芽》杂志主编，专业作家，文学创作一级。作品《市委书记的家事》获上海市首届文学作品奖、第二届《小说界》中篇小说奖，《苍穹下》获上海第二届文学奖，电视剧剧本《外行》获中央电视台纪念建党 70 周年电视剧展播优秀奖。他策划的"新概念大赛"打破了传统的学校作文概念，鼓励学生更自由地表达感情，许多有才华的年轻人在比赛中脱颖而出，深受社会各界的好评。

各位朋友，上午好。

我是最后一个演讲的嘉宾。从昨天到刚才听了那么多演讲，各方面的收获非常大。我今天讲的题目是"中国海关和一个英国人"。

我们论坛的主题是"关注海洋 面向世界"。如果说海洋是中国和世界交往的主要通道，海关就是中国的一扇大门。中国现代海关创建于 19 世纪下半叶。我们要谈论中国现代海关，有一个人是绕不过去的。这个人是个英国人，名字叫赫德，出生于爱尔兰。他是现代意义上的中国海关的真正创立者。不久以前碰到上海浦东海关的副关长，他说到现在为止，中国海关所有的基本管理方式，用的依然还是赫德当年创立的那一套。赫德在很大程度上掌握着晚清政府的经济命脉，又是中国与英国、法国、葡萄牙等国进行一些重要谈判时的外交代表。昨天管院士谈到中法战争。中法战争的谈判，最后签字的是李鸿章，但实际谈判的是赫德。

由于大家可以理解的原因，这个英国人在我们这代人的视野中消失了。我接触他是因为一个偶然的机会。我发现有一套书，是中华书局出的，叫《中国海关密档》。这个其实不是海关的档案，就是赫德和他的一位朋友之间的通信，完全是私人的。整套书有 500 多万字，9 卷。当时中华书局出这套书时只印了 1500 套，在上海只有上海图书馆能找到。我找到这套书的时候，发现没有人看过。因为我看的时候，不断发现有些页面都是黏着的，没有人动过。这套书因为只有一套，还不能借回家，只能在馆里看。后来我想办法请了中国作协的朋友替我到中华书局的仓库里找到一套，买回来了。我看了这套书，觉得特别有意思。因为我们在传统的观念里，像赫德这样一个人，毫无疑问他是一个帝国主义分子，是一个殖民者，我们中国海关被一个英国人所掌握，这是一件非常耻辱的事情。这是一个非常自然就会产生的想法。

但是看了这 500 万的文字以后，我的想法就发生了变化。我又去找其他关于赫德的书。赫德这个人是北爱尔兰贝尔法斯特皇后大学毕业的，学的是文学，被英国政府作为外交人员招募招到中国。他在中国非常寂寞。他一开始有一个中国女人，然后讨了一个正式的英国夫人，英国夫人在中国待不下去。我们可以想象，一个英国贵族妇女跑到中国来，长期住在异国他乡吃不消，在中国住了几年就回去了，赫德就一个人在中国，非常孤独。然后他就写信、写日记。他留下的文字数量非常惊人，而且因为他是学文学的，他的书信和日记里有大量的细节描写。我看了以后，觉得这个人在我面前是一个非常具体真实的人。我过去读过很多历史书，我老是怀疑："这个历史有多少真实度？我看到的是不是真的历史？"但是，我读赫德的书我就相信，因为他当时写的是私信，他写的日记，不是为了给别人看的。在赫德晚年的时候，曾经有一个人叫马丁。马丁是世界上最早的汉学家，他是赫德的下属，他曾经想写一本《赫德传》，跟赫德提出想看看他写的日记，赫德不同意。赫德不但不同意，还交代他的朋友说"我这个日记，永远也不要发表"。所以，我相信他写的东西是真实的。

赫德是一个英国人，却是中国的官。他是中国海关的总税务司，就相当于中国海关总署的署长，但他的权力比海关总署的署长还要大。总税务司是中国政府任命的，是中国政府招聘来的一个人，他只有收税的权力，没有保管权，更没有使用权。他使用的钱是中国政府核拨给他的海关经费。当然，这个经费是很宽裕的。赫德的待遇很高，比所有外交官都高，英国公使心里也不平衡，觉得他拿的钱太多了。赫德心里非常明白，他是中国政府聘的，中国政府可以聘他也可以聘别人。他的前任就是因为太傲慢了，被中国政府辞掉了。这一点赫德非常明确，所以他在海关内部发了一个通告，说："我们所有海关人员必须明确，我们是中国政府的雇员，这是第一要明确的问题。"中国政府就告诉赫德："你用的海关的高级管理人员，不准用中国人，必须是外国人。"这个很有意思，中国人的裙带关系很厉害的话，海关就守不住了，用外国人可以管住。赫德好几次提出，是不是应该聘一点高级的中国官员，清政府一直不同意。但是清政府并不是说海关永远被英国人管着。赫德做了50年的海关总税务司，这是在全世界都没有过的。在赫德执掌海关的后期，中国政府办了一个税务学校，赫德在给朋友的信里面写道："我知道了，中国政府在开始准备收回海关，因为它开始培养人了。"

　　赫德是中国官员但又是英国人，所以赫德被义和团伤害过，他的家就是被义和团烧掉的。当时他根本来不及带行李，就逃到英国公使馆去了。结果，他就没有事情干了，就开始写文章，一共写了8篇文章，主题是"为义和团辩护"。一个差一点被义和团杀死、家被义和团烧掉的外国人、写文章为义和团辩护，说中华民族是非常善良、非常平和的民族，他说你们想想英国政府有没有可能允许中国的和尚到英国传教，但是中国允许美国人、法国人到中国传教。他说："你们今天来侵略中国，任何一个民族都有自尊心，这个自尊心的忍耐度是有限度的，你们不要认为义和团是野蛮人。"当时德国的威廉姆提出"瓜分中国"，赫德说："如果你们瓜分中国，100 年以后你们会后悔。"这篇文章在英国发表以后，一片骂声，说："你一个文明人，怎么为野蛮人辩护？"因为西方人认为，外交人员是得到国际法保护的，义和团要杀外交官、烧外交使团，当然是野蛮的行为，一个文明人怎么能为一帮野蛮人辩护？赫德不管，他写了第二篇、第三篇、第四篇，最后他的观点得到了认同。后来八国联军没有办法，还是请赫德找中国的官员谈判，赫德是义和团和清政府谈判的一个中间人。

这么一个人，我今天不能展开讲。我讲这个人，一个原因是跟海关、海洋是有关系的，另外我想表达的意思是，我们今天在讨论中国发展面临的一系列问题的时候，必须应该对历史有一个认真的、客观的、真实的认识。不认真回顾曾经走过的路，不真正借鉴历史的经验教训，我们就不可能正确地面向未来。

谢谢大家。

王蒙简介

  河北南皮人，1934年生于北京，著名作家，先后任《人民文学》主编、中国作协副主席、中共中央委员、文化部长、国际笔会中心中国分会副会长、全国政协委员、常委，全国政协文史和学习委员会主任等职。著有长篇小说《青春万岁》、《活动变人形》，中篇小说《布礼》、《蝴蝶》，诗集《旋转的秋千》，散文集《轻松与感伤》、《一笑集》，文艺论集《当你拿起笔……》、《文学的诱惑》，专著《红楼启示录》、《王蒙评点红楼梦》，自选集《琴弦与手指》以及10卷本《王蒙文集》、23卷《王蒙文存》（2003年）等，2006-2007年出版自传《半生多事》、《大块文章》。有多篇小说和报告文学获奖。作品被译成英、俄、日等多种文字在国外出版。

在第二届
"科学·人文·未来"
论坛上的总结发言

各位老师，同学们(管华诗)：

　　一天半的时间转瞬即逝，在座的各位老师和各位同学还沉浸在各位专家的精彩报告和师生激昂的互动当中，但这个论坛接近尾声了。此时此刻，在场所有的同志都会有一个期待，本次论坛的主席，它的倡导者——王蒙先生还没有发表高见。因此，下面请王蒙先生做本次论坛的总结发言。

王　蒙

　　刚才所有的发言者都向各个方向鞠了一个大躬，我没有鞠，在人文方面是一个缺陷。因为我考虑到科学，我有脑动脉供血不足的病症，希望王琦教授有时间给我一点指导(热烈的掌声)，有旋转性的晕眩，这里人文要求与科学法则有一些冲突。违背了科学法则，万一我鞠完了以后，在地上躺一会儿，那就只好用行为艺术做咱们论坛的总结了(笑，热烈的掌声)，也有点对不起大家。

　　这就说明人文是离不开科学的。刚才听赵长天先生讲赫德为义和团辩护的故事，我眼泪都快出来了。我知道有这么一个英国人，我真的是非常激动。外国人里面爱中国的人不多，但是从中国人来说，如果我们的爱国、反帝，血性还停留在反科学、不科学、愚昧无知的义和团的水准，我们的国家也早就该被开除球籍了（掌声）。开除球籍这个话可不是我说的，这是伟大的爱国者毛泽东主席说的。

第一，我参加这次论坛，我个人非常满意，非常受教育，我觉得我得到了一次海洋意识的启蒙。虽然我往海大已经跑了快10年了，但是我对海洋的了解还是不及格的。这次相对来说时间比较充裕，好好地听了几个发言，也看了一些材料。我们这一次的论坛和第一次论坛不一样的是，明确了以"关注海洋 面向世界"作为我们论坛的主题。我很喜欢这个主题，但我也有一个担心，不是担心海洋方面的科学家，我是担心我的同行，对这个主题没有多少话好讲，因为海洋确实不是我们的长项。

比较一下，大自然的构成，我们写得最多的是月亮，所以文学又叫"风花雪月"，关于月亮的名著太多了。正像赫德从我们视野中消失一样，20世纪30年代，在上海的左翼文学运动中，也曾经有一个小小的事件，就是一些左翼文学的青年发起了不写月亮的宣言，认为中国人写月亮写得太多了，对我们没有任何好处，没有任何作用，也不关心人们的疾苦。所以，他们就发起了不写月亮的运动，呼吁从此我们的小说、诗歌、散文中不再有月亮。

我们写山也比较多，"会当凌绝顶，一览众山小"，"只在此山中，云深不知处"，"山中方七日，人间已千年"。山水画经常被作为国画，海非常美，但是画起来很难。我们喜欢山，喜欢江河。包括庄子，说一个大葫芦，葫芦这么大没有用，庄子说有用，你可以乘着它游江湖，他没有说海。孔子说"仁者乐山，智者乐水"。这里面的"水"也是指江湖，如果说孔子当年有一句话"勇者乐海"或者说"壮士乐海"，我们的民族精神也许是另一种选择。

但有时候我翻阅很多古书，谈海比较多的还是庄子。庄子在《秋水》一章当中就写河。有人说写的就是黄河，也有可能。河流入了北海，可能当时中国海的名称还没有确立，没有东海、黄海、渤海、南海的说法。他说河流入了北海，就感觉到"望洋兴叹"，再就是觉得自己原来的自高自大是"贻笑大方"，这些成语都是从他那儿发明的。这里面对海有些是哲学和准数学的思考，主要说什么呢？一个是说海神教育河神"观之大海乃知尔丑"，看了大海之后才知道你的局促。"天下之水莫大于海"，所有的河都流入大海里面，"海纳百川"也是我们学校的校训。"春秋不变，水旱不知"，海不怕春夏秋冬，也不怕洪涝。对海的定义是"量无穷，时无止，分无常，终始无故"。这里面开始有一个无穷大的概念。时间是永恒的，对"分无常"有不同的解释，也可以用《三国演义》里面开始提出的"合久必分，分久必合"的理念来了解。有一种无穷的思考。无限的思考，这是人类智力的奇葩。接近零的思考就是无限的不可分割的思考。海的开始是没有什么道理可讲的，你不知道它是怎么开始的，也不知道它怎么结尾。当时能有这样的理解就不错了。

中国古代文化对海的说法，也有很正面的说法，像刚才说庄子把海和无穷联系起来，用一种微积分的观念来理解，所以庄子的气度与常人不太一样。"海上生明月，天涯共此时"，这个诗句特别感动，居然有人把"海上生明月"的"生"写成"升起来的明月"，这样的人该打。"海内存知己，天涯若比邻"，海域才是我们的世界，这就是我们所说的天下。在鸦片战争以前没有想过世界上还有比我们更强有力的或者说文化更发达的国家。海外是靠不住的，"海客谈瀛洲"是虚无缥缈的。

我个人在 20 世纪 80 年代有小说《海的梦》，巴金有一部小说《海底梦》，其实也是《海的梦》。巴金已经开始对海有很多正面的歌颂，描写海上的日出，曾经被选到许多中小学的课本里。

我参加完了这两天的活动以后，海对我来说不仅仅是一个梦，不仅仅是渺茫的、令人感到茫然的一个东西，而是一个非常清晰的现实，非常可爱的东西。跟这个相比较，国外写海的人太多了。《鲁宾逊漂流记》，这里面不但有海的波浪，也有冒险的精神，也有奋斗的精神。如果讲到奋斗的精神，当然提到海明威的《老人与海》，它的中心就是宣扬美国精神，人生来不是为了被打败。美国写海的小说，更引人入胜，像《海狼》、《白鲸》。法国的科幻小说家写了海底旅行等等。与这些东西比较起来，中国以海为对象的写作就太少了。说中国有《山海经》，那有点神怪；有《镜花缘》，也没有很多描写海的情境，而是讲一些海外奇景，比如有君子国、女儿国。

所以我曾经有一种恐惧，怎么样去找一些写海写得多的作家？所以我头一个就想到了海军。这次海军本来还有一个作家要来参加会议，后来因为别的事情没能来。本来还邀请了张承志，因为他也是海军。我担心这方面谈不好，但是结果比我想的好得多。我们从科学家的一些发言中，得到了一些对海洋知识的启蒙，得到了海洋 ABC 的知识，受到了教育，实在是大大出乎意料。我想这和中国目前的发展阶段，我们处在一个相对高速的阶段，是一个国力日益增强的阶段，是有关系的。我们表达了对海洋的热情，表达了我们都在认识这个海洋，也表达了越来越宽阔的心胸。

海是冒险，海是挑战。作为文学创作来讲，当然可以用最美好的语言来讲这个海，讲海启发出来的人们的感情。但同样，如果说海给我们带来什么样的危险，也并非故作惊人之论。海本身不会讲仁义道德，海本身也无法掺和国家的、社会的、阶级的、民族之间的争斗。所以一方面也许我们会痛心中国久远的历史缺乏对海的了解和开拓，也许我们会从中国的文化里看到另一面，就是说我们不是无条件地提倡竞争、提倡优胜劣汰、提倡适者生存，我们总是希望能够管制这些，压缩一下人的精神。所以没有特别的开疆扩土、海上殖民，没有这个。

比如说郑和下西洋，既不是为了贸易，也不是为了自己的名利，更多的是一个展示航海，而不是奋斗开拓。现在我们有了海洋的意识，既有包容的意识，所谓海纳百川、有容乃大，我们也有开拓的意识甚至也有冒险的意识。但是，又是在当代这样一个社会，这样一个所谓全球化的时代，在迎接挑战、对应挑战、强化自己的同时，又要有一种和平和共赢的精神。海洋意识的觉醒，是整个中华民族在它急剧发展过程中的精神前景。

也许因为会议主题所限，参加的人不是特别多，但听得、互动得都非常好。也许我们赶上了这样一个伟大的时机，它是我们民族精神崛起的一个表现、一个象征。这个让人一想起来，不管是文学家、艺术家还是科学家，都有一种激情满怀的感觉。

另外，我再谈一下对论坛的感受。首先要说明，这个论坛的创立完全是管华诗院士一个人提出来的，他提出来了，而且提了不止一次。第一，我响应了；第二，我当时抱着试试看的心情。因为这个事情谈何容易，我对科学家的了解有限，不敢妄加评论。我只能说，并不是所有的科学家都是秦伯益，不是所有的科学家都有那么好的风度和出口成章的敏捷。对不起，我说话如果有冒犯，请原谅。第一次论坛的时候，很多科学家说"我们也很喜欢文学，我们常看小说"，会后我个别做了访谈，所有的科学家告诉我们他们常看的小说就是"金庸"（掌声）。当然，金庸也是很好的小说家，他个人也是我的朋友。武侠小说，金庸写到了极致，50～100 年内写武侠小说的话很难超过金庸。但是，文学不止有金庸，我也希望科学家们稍微翻阅一下例如张炜的小说、舒婷的诗或者是毕淑敏的小说。当然，我实际的潜台词是"您也看看我的小说"（笑，热烈的掌声）。

作家要到论坛上发起言来，你可不知道他要说什么，跟着感觉走（笑），天马行空，信口开河。我一想，"信口开河"这个成语真是非常美，一张口一条河就出来了，哗啦哗啦地流（掌声）。一个大学里面没有几位信口开河的教授，那将会变得多么寂寞（笑，掌声）。

吴德星教授、管华诗院士都特别强调科学与人文的结合，甚至说要有人文的引领。但是，我感觉到中国的人文太缺少科学了。科学技术是双刃剑，人文的激情也是双刃剑，甚至是双刃导弹，人的激情到时候不讲理性、不讲科学的，"啪"一句话就出来了。一句话像泰山一样，像匕首一样，一句话可以直捣人的死穴。这些反思我今天都没法儿谈。事实证明，离开了科学的发展观，你的人文激情也可能走到死胡同，你也可能自己欺骗自己，也可能会掩盖一些重要的应该面对的历史和现实。

所以，我个人特别希望写作的同行，充满激情的同行，能够多听听这些科学家的讲课，多听听这些科学家的启蒙。这样一种作家、画家、评论家和科学家的集会，而且是不同领域的科学家，医学的、生物学的、海洋学的不同的专家，能跟大家讨论在一起，而且讨论得很有兴趣，真是一件了不起的事，这是一件非常富有创意的事儿。不知道管华诗院士是不是申请了登记吉尼斯世界纪录，我们查一下看别的地方搞过没有。事实证明，我们是能够谈到一起的，有共同的关注，都是非常强烈的爱国者；同时，我们的眼光也看到了全人类，看到了全球化。

第二次论坛比起第一次论坛来说，人稍微少了一点，但是也有它的好处，相对来说能够把话谈完。第一次论坛忙于掌握时间。我到现在还记得，文圣常院士讲达尔文，他刚讲了一段前言，会议主持人给他提出"时间已经到了"，他只好退下去了。我到现在还感到对不起文院士，我愿意借第二次论坛的机会向文院士问好、祝福，向他表示歉意(掌声)。现在看来，讲的人不需要很多，但是听的人要很多。当我得知要在体育馆里举行这个论坛的时候，我很害怕。体育馆那是周杰伦开演唱会的地方(笑，掌声)，学术探讨能上体育馆，这也是我们中国海洋大学对我国学术事业和体育馆建设事业的贡献(笑，掌声)。人一超过千人，立马让我想起一幅名画《列宁在斯莫尔尼宫》，列宁对着工人说"是时候了，无产阶级，你们该出去了。"(笑，掌声)。

我也临时改编一下，"是时候了，关注海洋，关注未来"，使我们中国成为一个海洋强国；同时，我们本着和平、共赢的原则，如管院士所说，使我们的海洋成为一个和平的、文明的海洋。

我通过这个会议也更加了解了中国海洋大学。因为我年事已高，身体日差，听力、视力严重下降，我在前年、去年已经给于志刚书记写信请辞。我说"算了，我该收摊了"。但是，这次的论坛给我了一个鼓舞，希望咱们的论坛还有机会再办下去。我希望我正式离开中国海洋大学放在第三次"科学·人文·未来"论坛之后，如果上苍允许的话。

谢谢大家。

(录音整理：冯文波)

第二届

"科学·人文·未来"

论坛闭幕词

管华诗

　　非常感谢王蒙老师。王老师用他渊博的知识、幽默的语言，给这次论坛做了一个非常好的总结，把我们一天半的时间14位专家的精彩发言，以及14位专家精彩发言后与4000多位师生的互动，都做了很好的总结，对包括这次论坛的主题以及对论坛今后的发展，都提出了期许。每次聆听王老师讲话都有新的体会和感受，都受到一些教育，得到一些启迪和进步。王先生对于海大，不仅对海大事业的发展而且对广大师生的情操陶冶，都起到了很大的作用。海大因为有了王先生，活力十足；海大因为有了王先生，我们感到非常幸福。

　　这个论坛真正的发起人就是王先生。王先生不仅在文学、艺术界，而且在科学界都有相当的成就。我们的科技工作者，我们的院士和专家都非常忙，一听说王先生来主持这个会，都在百忙当中来参加这个会。在学术界，秦院士和张院士的成就也是首屈一指的，我们的院士都愿意听他讲话，由此可见王先生在学术方面也拥有深厚造诣。在医学界，我们的王琦教授，他是中医学基础的科学家，学术积淀非常深厚。我们的知名作家更忙，但只要是王老师一来，作家们依然会赶来参加这个论坛，我们对他们非常感谢。

这只是一个表现。今天同学们也比较多，我再说一件事情。因为王先生到海大，有100多位国内外知名的作家、哲学家都到海大来做讲座，因此在海大设立了一个驻校作家讲坛，所以文学院的同学是最幸福的，他们直接受益。昨天吴校长说海大在鱼山校区曾经有文学的辉煌，那是在20世纪30年代、50年代的时候。我想第三次辉煌就是现在，已经形成了非常有特点的海大文化现象，这会影响整个学科的发展，影响一些理科的教育，也对现在的文科提出了新的要求。

总而言之，海大人非常感谢王先生，在座的同学就是代表，让我们以热烈的掌声感谢王先生！

4000多海大师生感谢参加这次论坛的15位专家教授，他们在百忙当中参加这次论坛，而且做了精彩发言，给我们以智慧的启迪，非常感谢他们！

另外，我非常感谢在座的4000多位师生，你们有礼貌，踊跃提出问题，代表了广大海大师生的面貌，非常感谢你们！

第二次论坛就要闭幕了，第三次论坛何时举行，就听王先生的设计。我想第三次论坛会更加精彩，希望在座的各位专家、各位老师积极筹备第三次论坛，我们的一、二年级的同学还有机会听到第三次论坛的精彩演讲。

各位专家，"关注海洋　面向世界"这个话题的讨论才刚刚开始，而影响将长久而深远。

现在，我宣布第二届"科学·人文·未来"论坛胜利闭幕。

谢谢大家！

（以上文字根据管华诗院士讲话录音整理而成）